DAVID CABALLERO
MARTA HURTADO

EJERCICIOS DE
ORIENTACIÓN
CON MAPA Y BRÚJULA

Desnivel

EJERCICIOS DE ORIENTACIÓN CON MAPA Y BRÚJULA

© David Caballero Molano
© Marta Hurtado López
© Ediciones Desnivel
  c/ San Victorino, 8 – 28025 Madrid (Spain)
  www.edicionesdesnivel.com

1ª edición: julio de 2024
2ª edición: septiembre de 2025

Fotografía de portada: Marta Hurtado
Fotografías de interior: David Caballero
y Marta Hurtado
Ilustraciones: David Caballero
Diseño y maquetación: Lluís Palomares

Imprime: Nueva Imprenta

ISBN: 978-84-9829-681-5
Depósito legal: M-15800-2024

ÍNDICE

PRESENTACIÓN

¿**DESEAS SALIR DE LOS CAMINOS MASIFICADOS** y encontrar rincones inexplorados? Si es así, la orientación en montaña es la actividad perfecta para ti.

Este libro es la continuación lógica del *Manual práctico de orientación con mapa y GPS*, también publicado por la editorial Desnivel. La orientación no solo es una forma estimulante de explorar la naturaleza, sino que también es una habilidad fundamental para no perderse.

Imagínatelo: estás andando por un espolón de alta montaña, con el viento corriendo entre tu pelo y las impresionantes vistas que se extienden ante ti... De repente, te encuentras desorientado, no tienes ni idea de por dónde ir. Ahí es donde entra en juego la orientación en montaña. Por supuesto que la tecnología es de gran ayuda (yo la utilizo a diario en mis guiajes). Sin embargo, también me ha fallado más de una vez y he tenido que sacar la caja de «herramientas tradicionales». La sensación de tener una brújula en una mano, un mapa en la otra y sentir que estás orientándote con plena confianza es única.

La orientación en montaña te dota de los conocimientos y habilidades necesarios para leer mapas, comprender la topografía y utilizar la brújula con eficacia. Al aprender a interpretar las curvas de nivel, detectar puntos de referencia destacados y calcular distancias, te convertirás en un experto para orientarte incluso en los terrenos más difíciles.

Con la orientación en montaña, tienes el poder de tomar el control de tu aventura y evitar perderte.

Pero, ¿por qué es tan importante evitar perderse? Además de que evitarás frustrarte al desorientarte, perderse en la montaña también puede ser peligroso. La naturaleza accidentada e impredecible de las montañas significa que un giro equivocado puede conducir a situaciones estresantes y dañinas (desde cortados hasta condiciones meteorológicas adversas). Recuerda estudiar los peligros objetivos y subjetivos. Así, si perfeccionas tus habilidades de orientación en montaña, reducirás significativamente el riesgo.

Además, la orientación en montaña fomenta la confianza en uno mismo y la independencia. A medida que desarrollas tus habilidades de navegación, adquieres más confianza en tu capacidad para explorar nuevos lugares y superar retos. La sensación de logro que se obtiene al navegar con éxito por terrenos desconocidos es incomparable.

Marta Hurtado es coautora del manual y también compañera de profesión. Gracias a su esfuerzo, hemos podido recopilar los mejores ejercicios para que aprendas orientación definitivamente.

En cuanto a mí, he disfrutado como un niño redactando el último tema de este manual: ¿Qué hacer cuando me pierdo? Llevo más de catorce años especializado en la gestión del miedo y quería dejar una píldora que reflejara la importancia de la gestión del pensamiento cuando realizas una actividad *outdoor*.

ADQUIERE LOS CONOCIMIENTOS Y LAS BASES PARA PODER HACER ESTOS EJERCICIOS EN:

ENTENDIENDO EL MAPA TOPOGRÁFICO

APRENDER ORIENTACIÓN DESDE LA BASE

La base de la orientación es el entendimiento de las curvas de nivel y su morfología, entrenar a tu cerebro a asociar lo que estás viendo sobre el terreno con lo que está representado en el mapa. Desde mi punto de vista, no existen personas con mala orientación, existen personas poco entrenadas. Y como cualquier otra aptitud, lo que para unos es innato, para otros es un camino de amargura.

He perdido la cuenta de la infinidad de alumnos y alumnas que he formado en orientación. Puedo garantizarte que todos y todas han sido capaces de desarrollar la habilidad. Cada persona, a su ritmo. Recuerda que tu cerebro necesita tiempo para crear nuevas conexiones sintácticas, especialmente al aprender una nueva competencia.

Cuando imparto una formación de orientación, de gestión del miedo o un *workshop* acelerador de la confianza, informo a los participantes de que vivirán tres fases durante el proceso formativo:

FASE 1: DES-APRENDER

Para poder aprender debes estar emocionalmente preparado. Eso significa eliminar resistencias antes de decidir cruzar la puerta. ¿No te ha pasado nunca llegar a una formación con dudas?

Para que puedas sumar, primero debes liberar espacio.

FASE 2: PIEZAS DE PUZLE SIN COHESIÓN NI SENTIDO

Comienzas a asimilar nuevos conocimientos, pero aún no existen los puentes que los unen.

En esta fase, te sueles sentir desbordado por tanta nueva información. Incluso puedes llegar a pensar que no eres capaz. Vas por buen camino, el caos se transformará en orden.

FASE 3: PUZLE

Es el momento de entender, el momento en el que todo cobra sentido. Tu confianza crece exponencialmente. Sientes que se abre un mundo de posibilidades a tu alrededor.

CONFÍA EN EL PROCESO.

Antes de comenzar con los ejercicios de este apartado, debes de tener claros los siguientes conceptos (te recomiendo que leas los capítulos 1 y 2 de mi *Manual práctico de orientación con mapa y GPS*, también publicado por Desnivel):

TIPS QUE DEBES TENER EN CUENTA:

☐ CURVAS DE NIVEL.
☐ CURVA DE NIVEL MAESTRA.
☐ ¿QUÉ ES LA EQUIDISTANCIA?
☐ DISTANCIA REDUCIDA.
☐ DESNIVEL POSITIVO/NEGATIVO.
☐ MORFOLOGÍA DEL TERRENO CON CURVAS DE NIVEL.

COMPRUEBA TUS CONOCIMIENTOS ANTES DE EMPEZAR

1. ¿QUÉ SON LAS CURVAS DE NIVEL?
   a. Una línea imaginaria.
   b. Línea imaginaria que une los puntos de la misma altura.
   c. Una curva en el mapa.
2. ¿QUÉ ES LA EQUIDISTANCIA?
   a. La distancia reducida.
   b. La distancia geométrica.
   c. Igualdad de distancia entre las curvas de nivel.
3. ¿QUÉ ES LA DISTANCIA REDUCIDA?
   a. La equidistancia.
   b. La distancia medida en el mapa sin tener en cuenta el desnivel.
   c. La distancia medida en el mapa teniendo en cuenta el desnivel.
4. VOY DEL PUNTO A, A UNA ALTITUD DE 1000 m, HASTA EL PUNTO B, A UNA ALTITUD DE 1450 m. ¿QUÉ DESNIVEL ESTARÍA CALCULANDO?
   a. Desnivel negativo.
   b. Desnivel acumulado.
   c. Desnivel positivo.
5. EN UNA ESCALADA 1:25 000, ¿1 CM ES IGUAL A...?
   a. 1 cm = 250 m.
   b. 1 cm = 2500 m.
   c. 1 cm = 25 m.
6. CUANDO ENCUENTRAS LAS CURVAS DE NIVEL MUY JUNTAS, ¿QUÉ SIGNIFICA?
   a. Existe una pradera.
   b. Existe un espolón.
   c. Existe una pared o cortado, mucho desnivel en poca distancia.
7. CUANDO ENCUENTRAS LAS CURVAS DE NIVEL MUY SEPARADAS, ¿QUÉ SIGNIFICA?
   a. Un terreno cargado de rocas.
   b. Poco desnivel entre las curvas, por lo que el terreno será llano.
   c. Un bosque de coníferas.

EJERCICIOS

Después de contestar el test anterior y resolver tus dudas (todas ellas respondidas en el *Manual práctico de orientación con mapa y GPS*) ha llegado el momento de practicar. ¡A por ello!

Vas a conocer lo que representan las curvas de nivel. Las tres morfologías en las que más nos apoyamos los guías de montaña son:

☐ Espolón.
☐ Vaguada.
☐ Cumbre o pico.

Después de practicar los ejercicios de este capítulo, tu cerebro será capaz de relacionar la información del mapa con la realidad.

EJERCICIO 1: RECONOCIMIENTO DE MORFOLOGÍA DE LAS CURVAS DE NIVEL

Trabajando con el siguiente mapa debes localizar:

□ 2 espolones.

□ 3 vaguadas.

□ Una pared vertical.

□ Una vaguada que no tenga un río o arroyo.

□ Una pista forestal.

□ Un cortafuegos.

□ Una carretera.

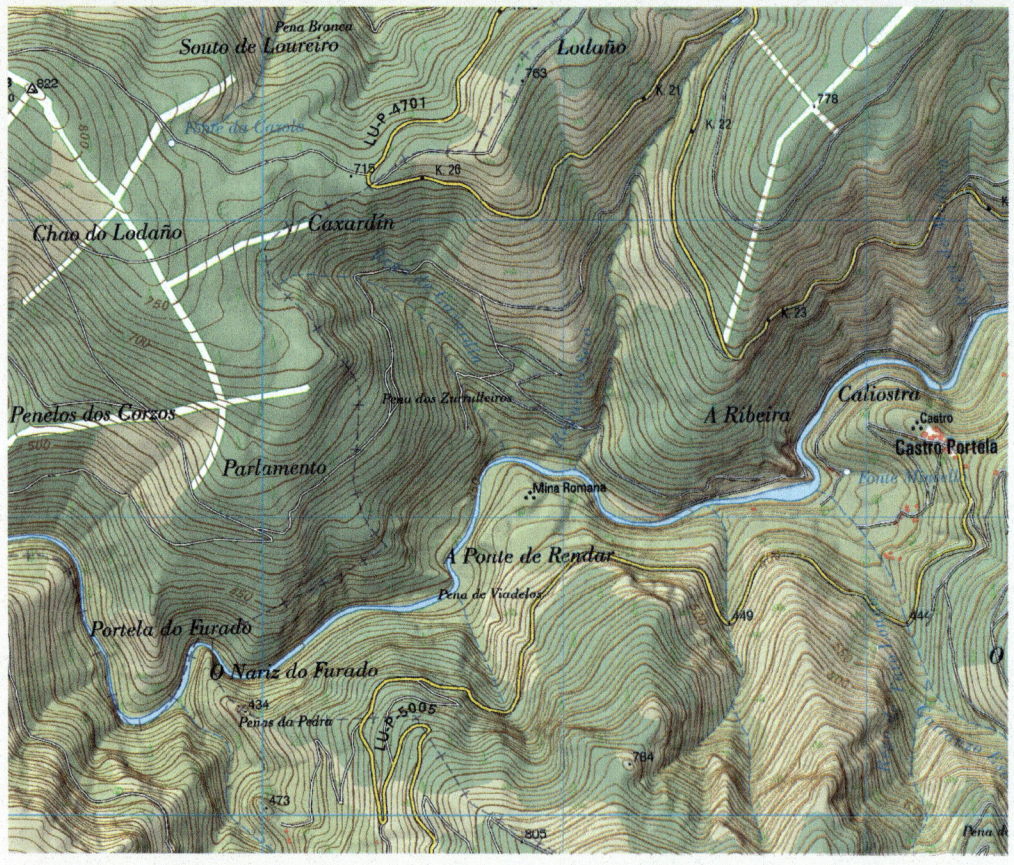

SOLUCIONES EN PÁGS. 59.

EJERCICIO 2: RELACIONA LA FOTO CON EL MAPA

Relaciona las formas del terreno de la foto con las del mapa.
Encuentra en el mapa el espolón de la foto.

SOLUCIONES EN PÁGS. 60.

EJERCICIO 2: RELACIONA LA FOTO CON EL MAPA

Encuentra en el mapa la vaguada de la foto.

EJERCICIO 2: RELACIONA LA FOTO CON EL MAPA

Encuentra en el mapa el cordal de la foto.

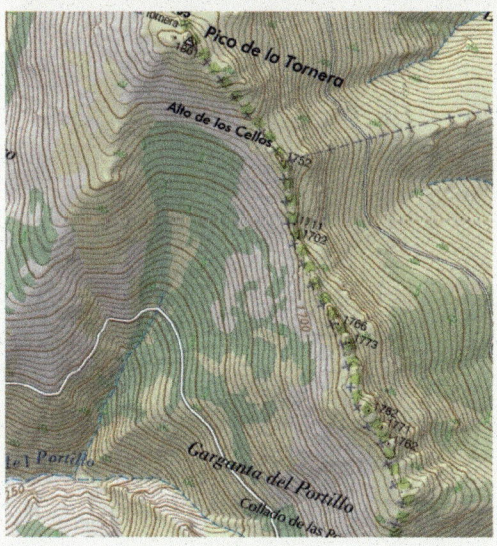

SOLUCIONES EN PÁGS. 60.

EJERCICIO 2: RELACIONA LA FOTO CON EL MAPA

Encuentra en el mapa el cortado o la pared de roca.

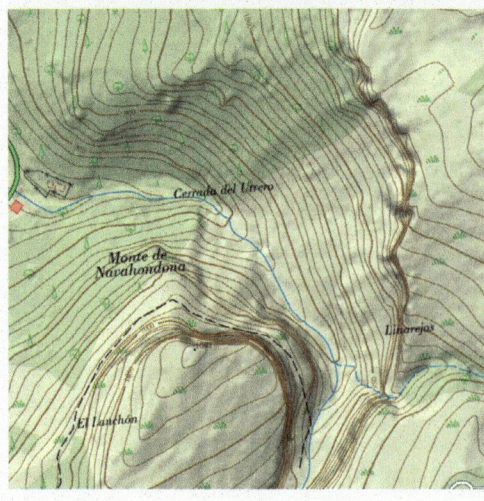

SOLUCIONES EN PÁGS. 60.

EJERCICIO 3: RELACIONA EL MAPA CON LA FOTO

Relaciona el mapa con su foto correcta.

Tu visión es la de la foto. ¿Qué mapa se corresponde con lo que estás viendo?

EJERCICIO 3: RELACIONA EL MAPA CON LA FOTO

Relaciona el mapa con su foto correcta.

Tu visión es la de la foto. ¿Qué mapa se corresponde con lo que estás viendo?

SOLUCIONES EN PÁGS. 61.

EJERCICIO 4: POSICIONAMIENTO EN EL MAPA DEL GUÍA DE MONTAÑA

¿Dónde estás? Sitúate sobre el mapa, apóyate en la foto para poder encontrar tu ubicación. Busca referencias como ríos, grandes paredes, casas…

A. Pista: estás sobre una senda a 800 metros de altitud.

SOLUCIONES EN PÁGS. 61.

EJERCICIO 4: POSICIONAMIENTO EN EL MAPA DEL GUÍA DE MONTAÑA

¿Dónde estás? Sitúate sobre el mapa, apóyate en la foto para poder encontrar tu ubicación. Busca referencias como ríos, grandes paredes, casas...

B. Pista: tu altímetro marca 1830 metros.
C. Estás sobre un espolón.

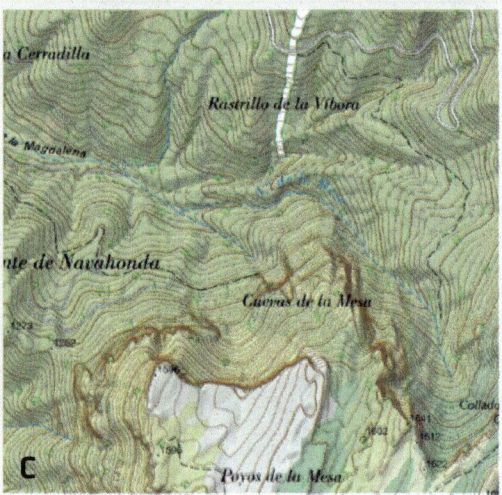

EJERCICIO 5: RECONOCIMIENTO DE LA MORFOLOGÍA DEL TERRENO

En el siguiente mapa encuentra:

☐ Un espolón.

☐ Una cueva.

☐ Una senda.

☐ Una vaguada.

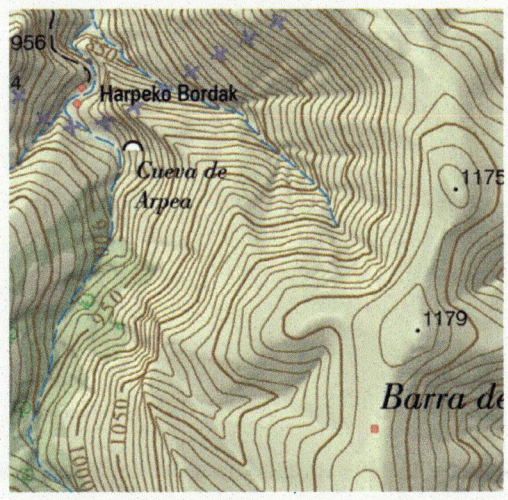

EJERCICIO 6: RECONOCIMIENTO DE LA MORFOLOGÍA DEL TERRENO

En la siguiente foto encuentra:

☐ Un espolón.

☐ Una cueva.

☐ Una senda.

☐ Una vaguada.

SOLUCIONES EN PÁGS. 62.

EJERCICIO 7: LAS ORIENTACIONES DEL MAPA

Teniendo en cuenta que estás situado en el punto más alto de una vaguada, encuentra:

☐ Dos vaguadas con dirección sur.

☐ Una vaguada con dirección sureste.

☐ Una vaguada con dirección noroeste.

Teniendo en cuenta que estás situado en el punto más alto de un espolón, encuentra:

☐ Un espolón dirección suroeste.

☐ Un espolón dirección sur.

SOLUCIONES EN PÁGS. 63.

ESCALA 1:20.000

EJERCICIO 8: CALCULAR DISTANCIAS

Calcula la distancia reducida en metros, siguiendo una línea recta.
Escala 1:25 000.

Cada número tiene un punto rosa que marca el lugar exacto para poder realizar la medición.

□   1 a 2:

□   2 a 3:

□   3 a 4:

□   4 a 5:

□   5 a 6:

□   6 a 7:

Realiza el mismo ejercicio, considerando que la escala es 1:35 000 (considerar los mismos centímetros medidos en el mapa, como si estuviera escalado a 1:35 000).

□   1 a 2:

□   2 a 3:

□   3 a 4:

□   4 a 5:

□   5 a 6:

□   6 a 7:

SOLUCIONES EN PÁGS. 63.

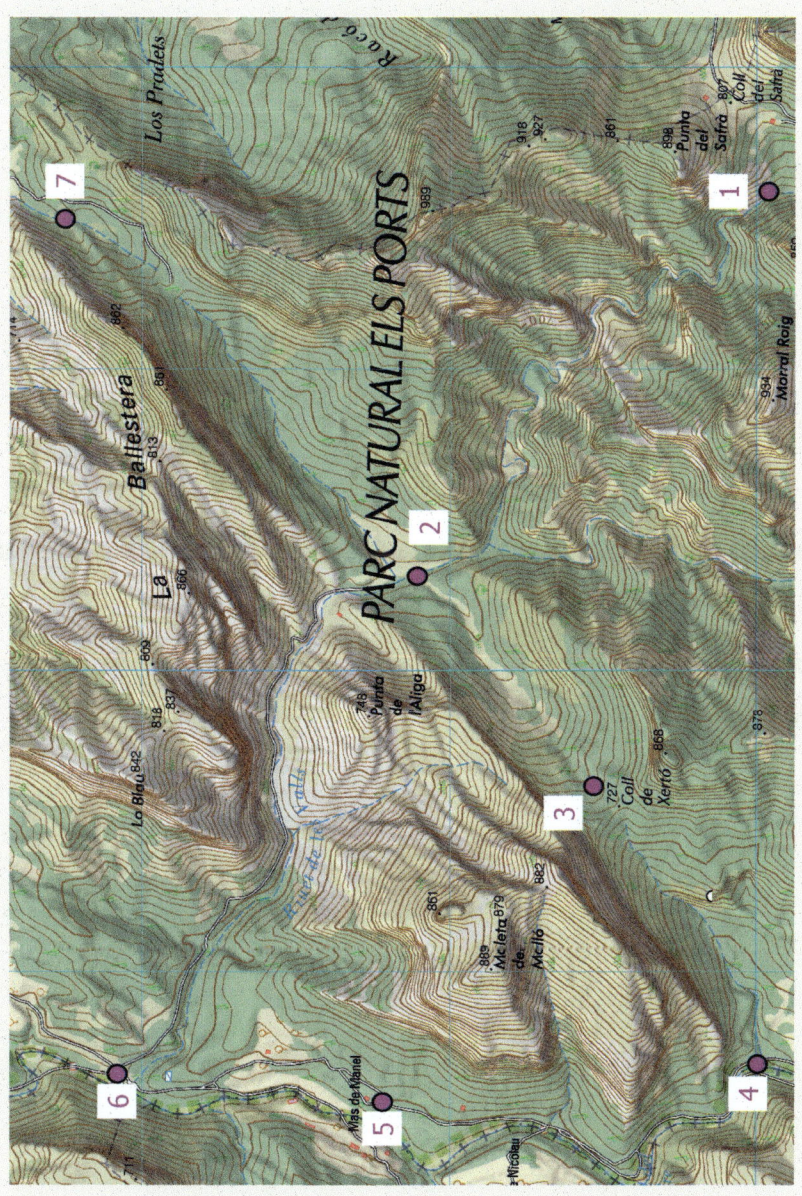

EJERCICIO 9: CALCULAR DESNIVELES

Desniveles [ilustración]:

☐ A a B:
☐ B a C:
☐ C a D:
☐ D a E:
☐ E a F:
☐ F a final:

Desnivel acumulado positivo total:
Desnivel acumulado negativo total:

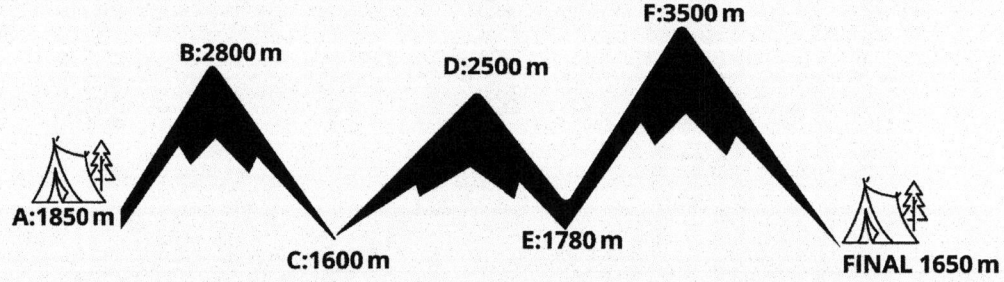

EJERCICIO 10: CALCULAR DESNIVELES SOBRE EL MAPA*

Cálculo de desniveles.

- Calcula el desnivel entre 1-2.
- Calcula el desnivel entre 2-3.
- Calcula el desnivel entre 3-4.
- Calcula el desnivel entre 4-5.

- Calcula el desnivel entre 8-7.
- Calcula el desnivel entre 7-6.
- Calcula el desnivel entre 6-3.
- Calcula el desnivel acumulado.

Cálculo de distancia geométrica.

Cálculo de la distancia geométrica en escala 1:20 000. Une los puntos con una línea recta entre sí para calcular primero la distancia reducida y poder aplicar la fórmula.

$$\text{DISTANCIA GEOMÉTRICA} = \sqrt{\text{DESNIVEL}^2 + \text{DISTANCIA REDUCIDA}^2}$$

- 1 a 2:
- 2 a 3:

- 3 a 4:
- 4 a 5:

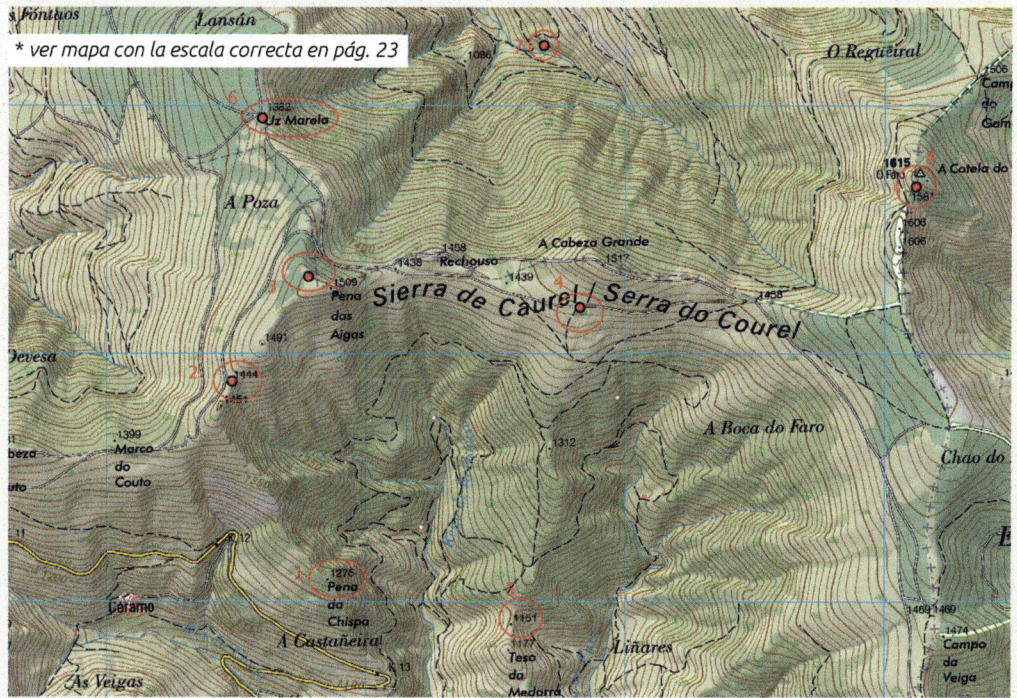

* ver mapa con la escala correcta en pág. 23

SOLUCIONES EN PÁGS. 64.

EJERCICIO 11: CALCULAR PENDIENTES SOBRE EL MAPA*

PENDIENTE % = DESNIVEL/DISTANCIA REDUCIDA x 100

Utilizando el mapa calcula la pendiente en % entre los siguientes puntos (recuerda la fórmula de cálculo de pendientes):

☐ 7-8.

☐ 7-6.

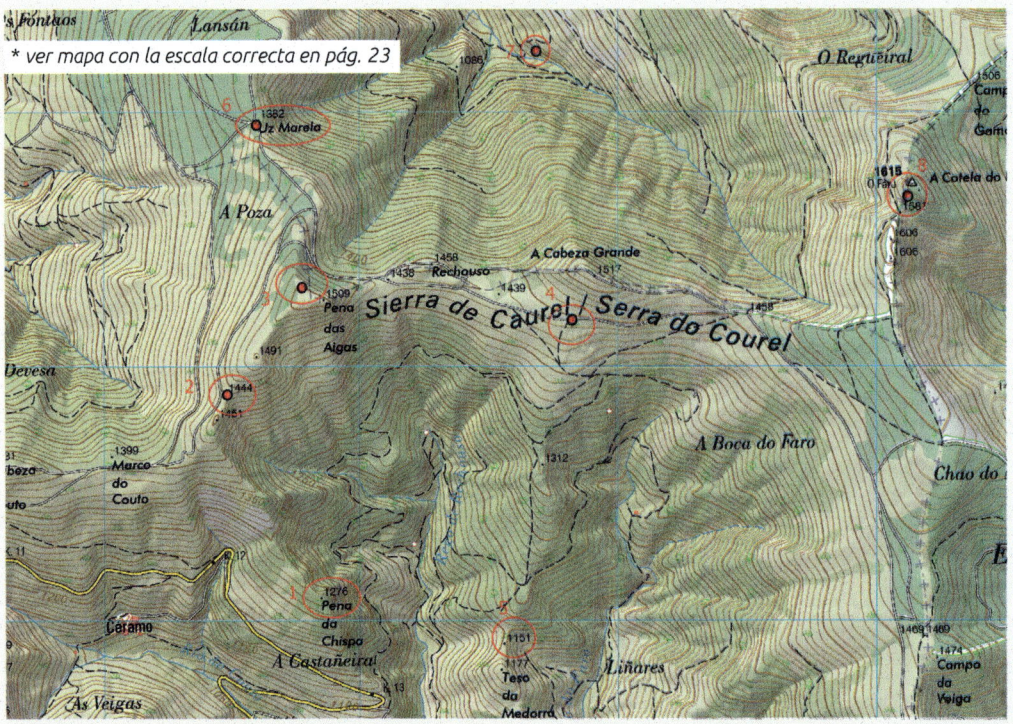

* ver mapa con la escala correcta en pág. 23

SOLUCIONES EN PÁGS. 65.

EJERCICIO 12: ORIENTACIÓN SOMERA

Orientación somera: es la habilidad de orientar el mapa sin el uso de la brújula, solo fijándote en los elementos del terreno.

Eres el montañero del dibujo y observando el terreno intentas orientar el mapa. ¿Cuál está bien orientado teniendo en cuenta tu posición?

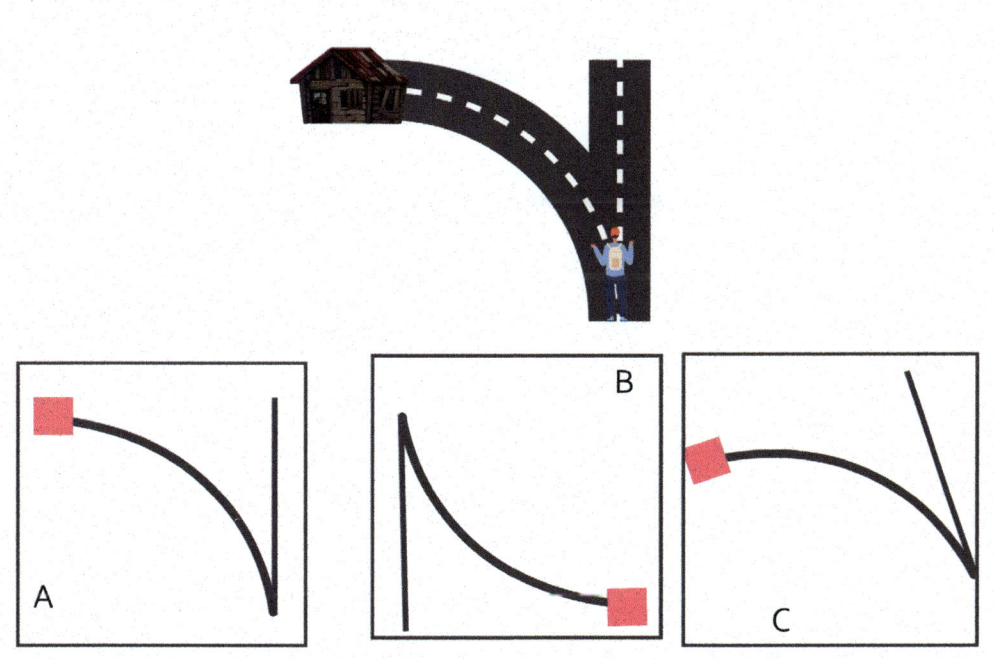

EJERCICIO 13: ORIENTACIÓN SOMERA

Eres el autor de la foto. Desde tu posición, elige cuál de los mapas está orientado.

MANEJO DE LA BRÚJULA

LA BRÚJULA ES UNA DE LAS HERRAMIEN-TAS más antiguas y eficaces que conozco. Es ligera, ocupa poco espacio y funciona sin batería.

Las técnicas que más uso como guía de alta montaña, descritas en mi *Manual práctico de orientación con mapa y GPS*, son:

☐ Reconocer una cumbre lanzando un rumbo y trasladándolo en el mapa.

☐ Conocer los puntos cardinales de la ubicación en la que me encuentro.

☐ Posicionamiento lineal.

En este capítulo podrás repasar los ejercicios teóricos. Te toca salir a la montaña y ponerlos en práctica. Otra alternativa es contratar los servicios de un guía que te acompañe al medio natural. Te aseguro que de esa forma acelerarás la curva de aprendizaje.

TIPS QUE DEBES TENER EN CUENTA:

☐ PARTES DE LA BRÚJULA.

☐ DIFERENCIA ENTRE RUMBO Y AZIMUT.

☐ CUANDO REALIZAS MANIOBRAS SOBRE EL MAPA ESTÁS CALCULANDO UN AZIMUT.

☐ CUANDO REALIZAS MANIOBRAS EN EL TERRENO ESTÁS CALCULANDO UN RUMBO.

☐ HABITUALMENTE, EN ESPAÑA UNIFICAMOS EL CONCEPTO DE RUMBO Y AZIMUT EN LA PALABRA RUMBO. ESTO SE DEBE A LA DEPRECIACIÓN DE LA DECLINACIÓN MAGNÉTICA.

COMPRUEBA TUS CONOCIMIENTOS ANTES DE EMPEZAR

1. LA FLECHA DIRECCIÓN: ES LA RUEDA QUE SE MUEVE Y QUE CONTIENE LOS GRADOS.
   a. Verdadero.
   b. Falso.

2. ¿PARA QUÉ SIRVE EL LIMBO DE LA BRÚJULA?
   a. El limbo sirve para indicar los grados, está dividido cada 2°. El limbo se mueve desde los 0° hasta los 360°.
   a. Es un lugar para pensar.
   b. Para indicar el norte-sur magnético.

3. ¿QUÉ NOS INDICA LA AGUJA MAGNÉTICA?
   a. La aguja magnética nos indica el norte magnético.
   b. La aguja magnética nos indica el norte geográfico.
   c. La aguja magnética nos indica la dirección a seguir.

4. ¿PARA QUÉ NOS SIRVE LA REGLA DE LA BRÚJULA?
   a. Para calcular los kilómetros o metros a nuestro destino.
   b. Para medir las distancias en el mapa, recuerda que en este caso trabajas con la distancia reducida.
   c. Para nada.

5. PARA SEGUIR UN RUMBO SOBRE EL TERRENO, ¿CUÁL ES LA FLECHA QUE TE INDICA LA DIRECCIÓN A SEGUIR?
   a. Flecha norte del limbo.
   b. Flecha aguja magnética.
   c. Flecha de dirección.

6. PARA QUÉ SIRVEN LAS LÍNEAS QUE ESTÁN PINTADAS DENTRO DEL LIMBO?
   a. Para seguir el rumbo.
   b. Son las líneas norte-sur auxiliares que te ayudarán para hacer el cálculo del rumbo.
   c. Para calcular el norte magnético.

7. DIFERENCIA ENTRE RUMBO Y AZIMUT.
   a. El rumbo es la dirección a seguir respecto al norte magnético y el azimut respecto al norte geográfico.
   b. El rumbo es la dirección a seguir respecto al norte geográfico, y el azimut respecto al norte magnético.
   c. El rumbo es la dirección que sigo en mi vida.

8. PARA CALCULAR EL RUMBO (AZIMUT) SOBRE EL MAPA, ¿ES NECESARIO TENER LA AGUJA MAGNÉTICA ALINEADA CON EL NORTE DEL LIMBO?
   a. Verdadero.
   b. Falso.

EJERCICIOS

CAPÍTULO 2

Para los siguientes ejercicios, no tengas en cuenta la declinación y el concepto de azimut.

EJERCICIO 1: CALCULAR RUMBOS

Realiza un cálculo del rumbo entre los diferentes iconos. En el mapa están dibujadas las líneas de apoyo norte-sur. Utiliza las líneas negras para saber el camino que debes seguir.

QUE NO TE CONFUNDA LA AGUJA MAGNÉTICA CUANDO CALCULES EL RUMBO. UTILIZA EL NORTE DEL LIMBO DE LA BRÚJULA PARA ALINEARLO CON EL NORTE DEL MAPA.

	Azimut		Azimut
Montañera a cima		Cima a escalada	
Escalada a tienda		Tienda a parapente	
Parapente a refugio		Refugio a kayak	
Kayak a montañera			

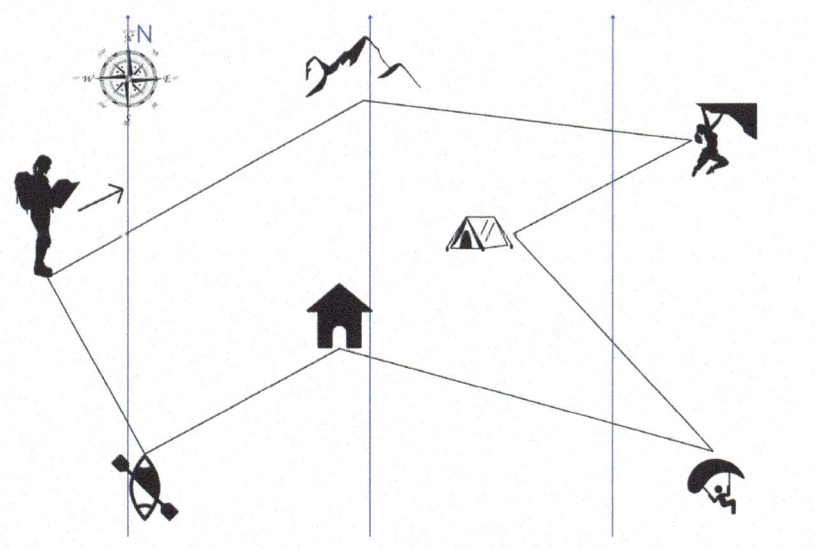

SOLUCIONES EN PÁGS. 66.

EJERCICIO 2: CALCULAR RUMBOS

Pirata Patapalo está buscando el tesoro, pero necesita un mapa y una brújula. Calcula los rumbos entre los diferentes elementos.
Con tu ayuda podrá llegar. Eso sí, recuerda que no tiene ni idea de nadar.

SOLUCIONES EN PÁGS. 66.

EJERCICIO 3: DIBUJAR RECORRIDOS

Pirata Patapalo tiene las siguientes indicaciones que debe seguir para llegar a su barco. Sabiendo que está sobre un mapa 1:10 000, dibuja el recorrido que sigue:

- Primero: rumbo 140°, distancia 400 m.
- Segundo: rumbo 90°, distancia 200 m.
- Tercero: rumbo 45°, distancia 500 m.
- Cuarto: rumbo 340°, distancia 400 m.

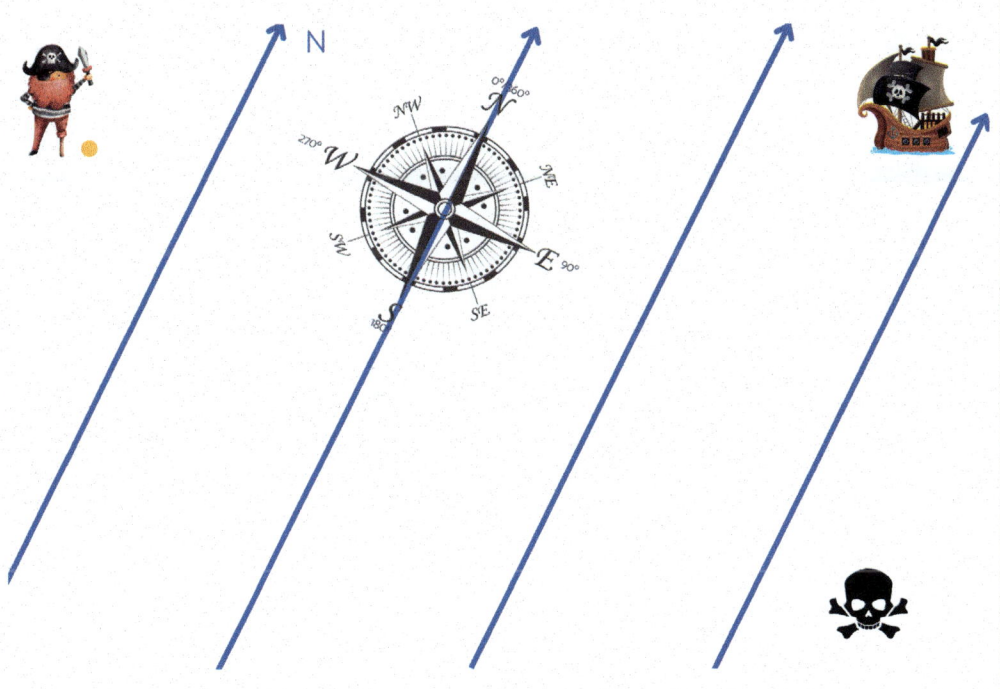

SOLUCIONES EN PÁGS. 67.

EJERCICIO 4: ENCUENTRA EL CAMINO

Ayuda a Patapalo a encontrar la botella. Calcula el rumbo a seguir.

EJERCICIO 5: TRASLADO DE BRÚJULA A MAPA

Estás realizando un *trekking* con tu grupo por los Picos de Europa, te das cuenta que en 3 minutos llegará la niebla y perderás visibilidad. Visualizas tu tienda de campaña a unos 1000 metros.

□   ¿Qué maniobra de brújula debes realizar?

□   De la maniobra que has realizado obtienes un rumbo de 10°, llévalo al mapa y decide qué camino debes tomar.

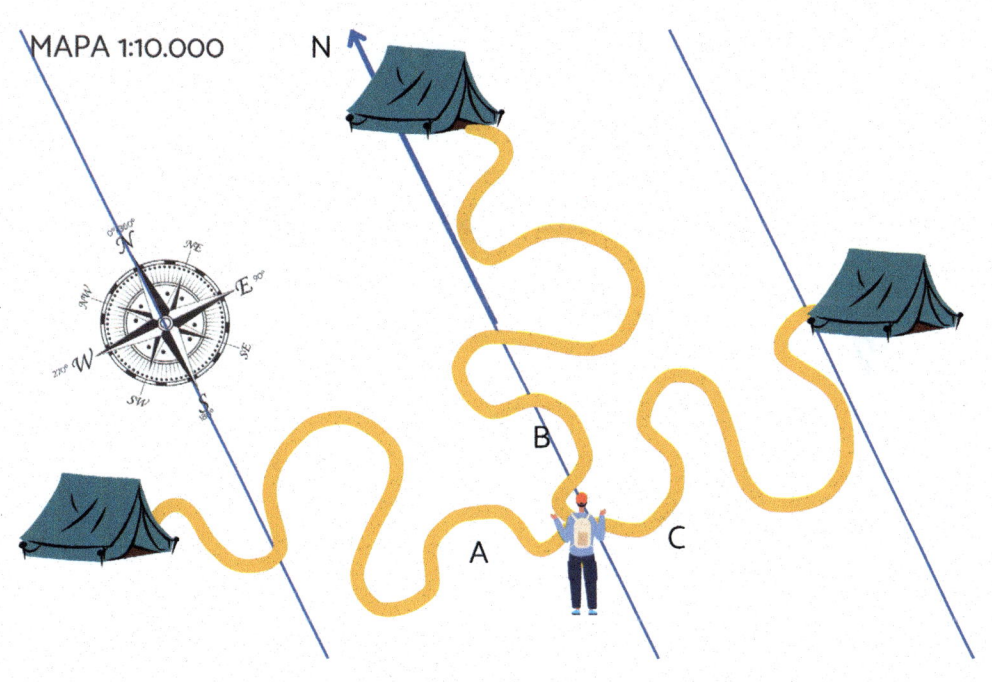

EJERCICIO 6: SEGUIR EL RUMBO

Estás siguiendo un rumbo para llegar a tu destino y te encuentras con un lago de 200 m de largo. ¿Cómo puedes seguir el rumbo que te has marcado sin perderlo?

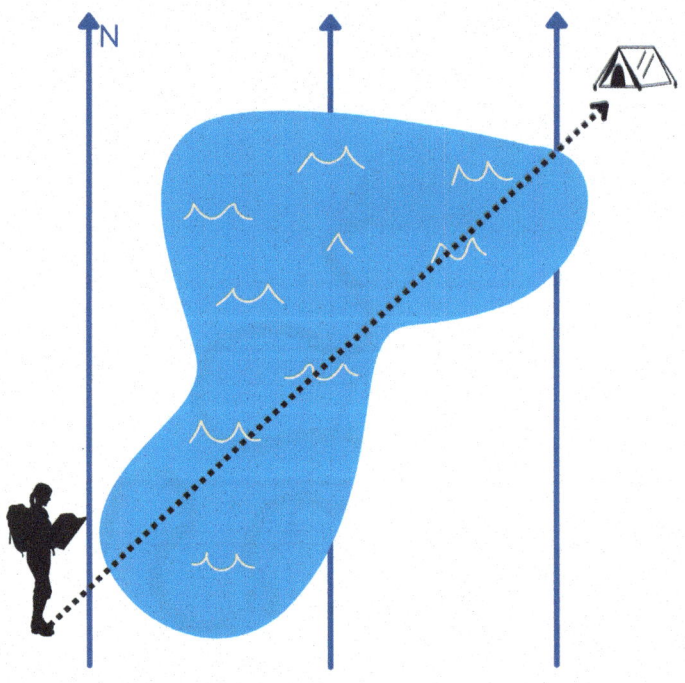

EJERCICIO 7: POSICIONAMIENTO LINEAL

Estás en el centro de aventura Libélula, navegando con tu piragua por el río Guadiela. No sabes exactamente en qué parte del río estás; divisas una cumbre que reconoces (Peñaloba, 873 m), lanzas un rumbo y obtienes un resultado de 58°. ¿Dónde estás?

SOLUCIONES EN PÁGS. 69.

EJERCICIO 8: TRIANGULACIÓN. EJERCICIO DE POSICIONAMIENTO

Estás en una zona con buena visibilidad y tienes a la vista diferentes elementos que puedes identificar en el mapa. Trazas el rumbo hacia ellos y obtienes los grados que se indican en cada pareja. ¿Cuál es tu posición?

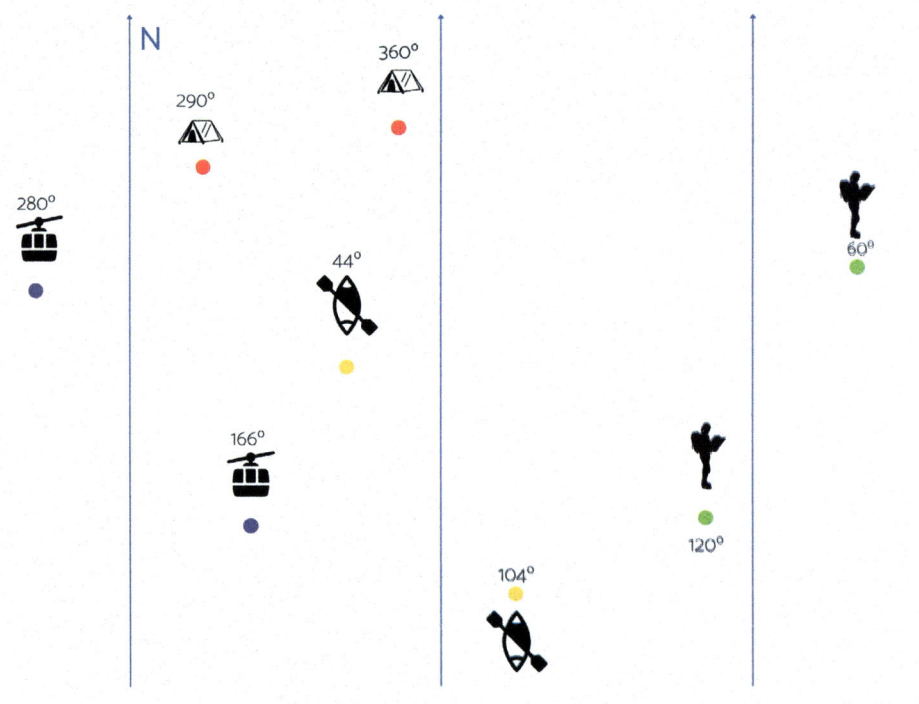

EJERCICIO 9: EVITAR UN OBSTÁCULO

Estás siguiendo un rumbo de 90° que has calculado previamente sobre el mapa y te encuentras un gran obstáculo. ¿Cómo lo solventas? Dibuja la solución.

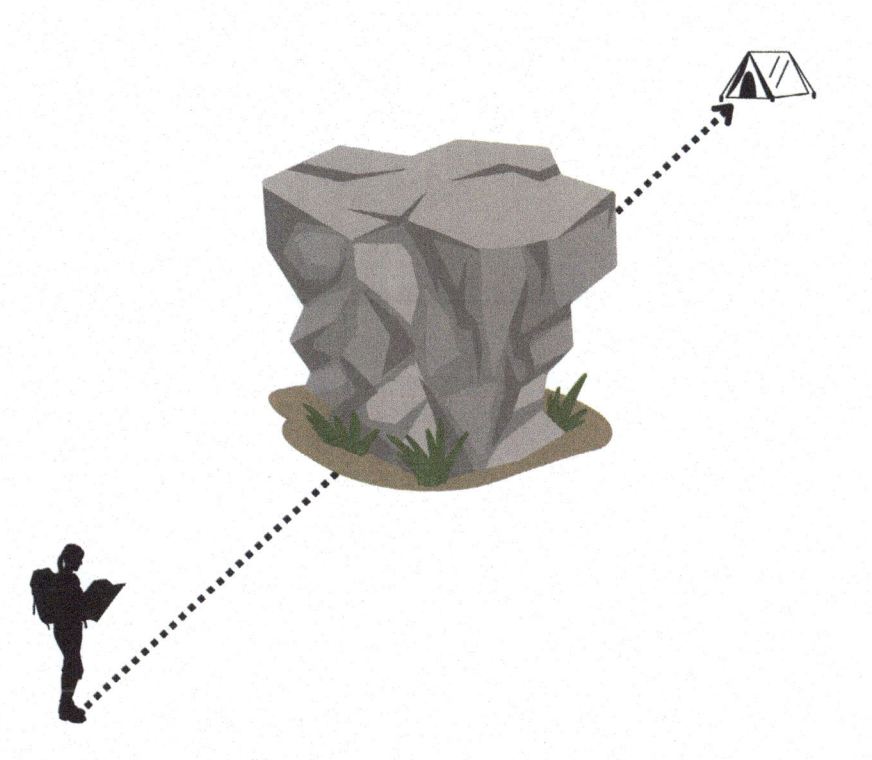

EJERCICIO 10: MAPA ORIENTADO

Elige la opción en la que el mapa está orientado.

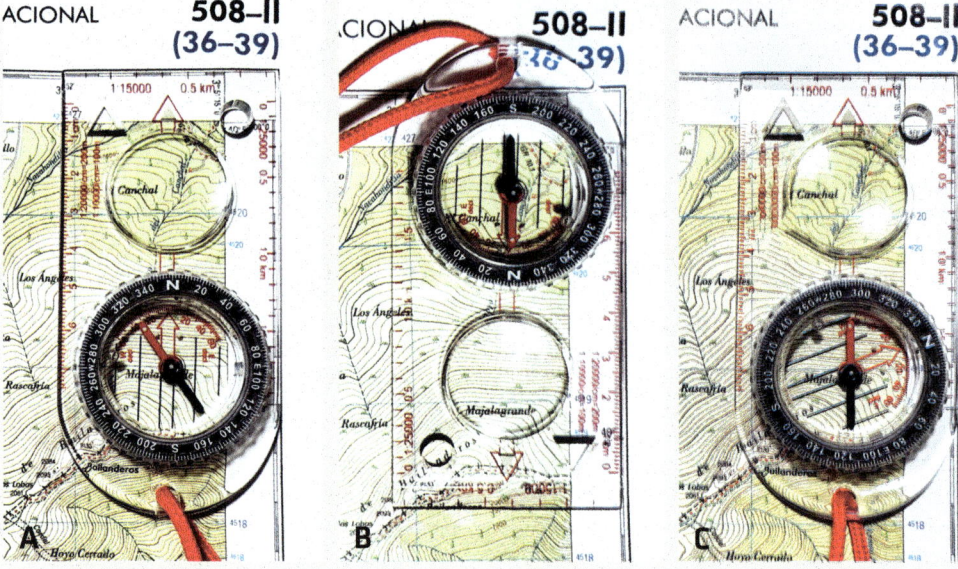

EJERCICIO 11: DESCRIBIR UN RECORRIDO

Siguiendo una línea recta entre los puntos, describe el recorrido que realizas en cada tramo sabiendo que es un mapa a escala 1:25 000.

Del punto 1 al 2. Ejemplo:
Morfología: vaguada
Desnivel: +46 m
Azimut: 42°
Distancia reducida: 500 m

Del punto 2 al 3.
Morfología:
Desnivel:
Azimut:
Distancia reducida:

Del punto 3 al 4.
Morfología:
Desnivel:
Azimut:
Distancia reducida:

Del punto 4 al 5.
Morfología:
Desnivel:
Azimut:
Distancia reducida:

Del punto 5 al 6.
Morfología:
Desnivel:
Azimut:
Distancia reducida:

Del punto 6 al 7.
Morfología:
Desnivel:
Azimut:
Distancia reducida:

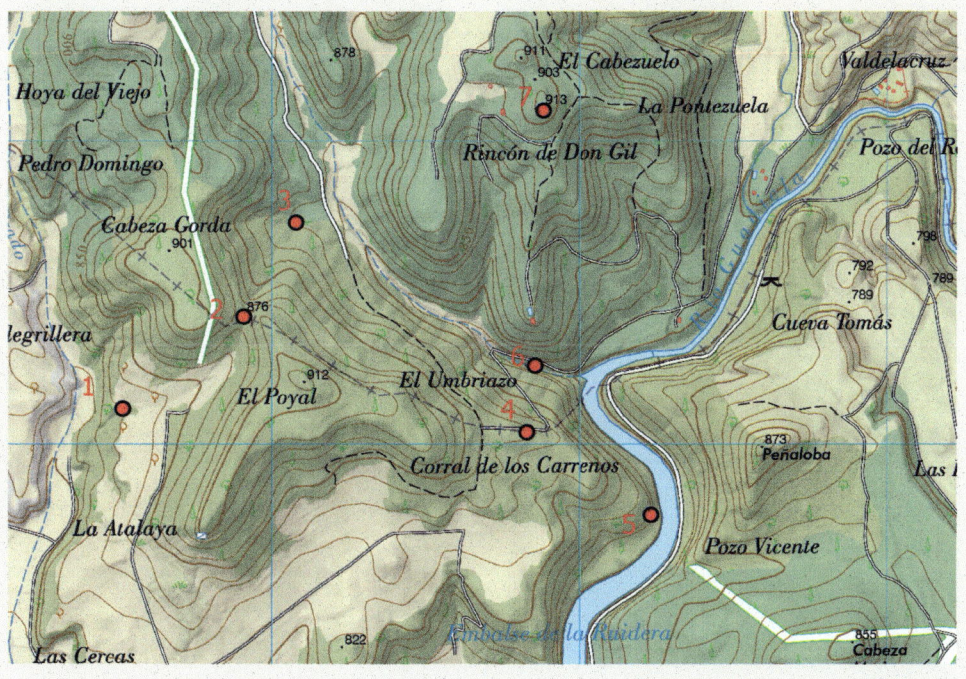

SOLUCIONES EN PÁGS. 71.

EJERCICIO 12. AYUDA A NUESTROS PERSONAJES

☐ Calcula el rumbo que debe seguir la niña para coger la senda que lleva hasta el lobo.

☐ Calcula el rumbo que debe seguir el lobo para llegar a la cueva.

☐ El niño debe caminar por una vaguada. Ha realizado el cálculo del destino al que desea llegar y consigue un azimut de 78°. ¿Qué vaguada recorrerá?

☐ Pirata Patapalo desea llegar a un mirador natural siguiendo un rumbo 208°. ¿Por dónde accede?

☐ El zorro quiere intentar atrapar al ratón que está más al noreste. Cuál sería el ratón que atrapa? y ¿por dónde iría?

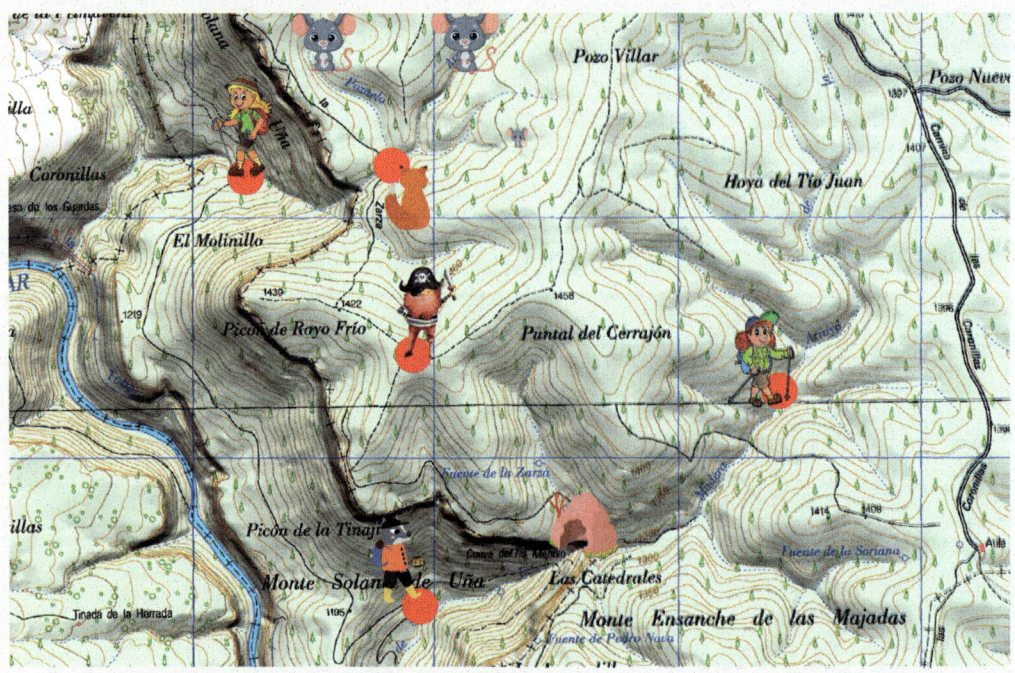

SOLUCIONES EN PÁGS. 72.

EJERCICIO 13: DIFERENCIA ENTRE AZIMUT Y RUMBO

Ahora es el momento de tener en cuenta la declinación y saber la diferencia entre azimut y rumbo. Para realizar este ejercicio debes recuperar los datos del ejercicio 1.

CUANDO TRABAJAS CON LA BRÚJULA SOBRE EL TERRENO HACES UN CÁLCULO DE RUMBO.CUANDO TRABAJAS SOBRE EL MAPA HACES UN CÁLCULO DE AZIMUT.

Revisa la fórmula de la página 26 del *Manual práctico de orientación con mapa y GPS.*

DECLINACIÓN **OESTE:**	DECLINACIÓN **ESTE:**
RUMBO = AZIMUT + DM	**RUMBO = AZIMUT - DM**
Ejemplo declinación **oeste**: Azimut 320°. Declinación 20° RUMBO = 320 + 20 = 340°	Ejemplo declinación **este**: Azimut 320°. Declinación 20° RUMBO = 320 - 20 = 300°

Información que necesitas para poder realizar el ejercicio:

☐ Columna 1: has calculado la declinación y el resultado es una declinación este de 6°.

☐ Columna 2: has calculado la declinación y el resultado es una declinación oeste de 4°.

	AZIMUT (calculado en el ejercicio 1)	RUMBO declinación este 6°	RUMBO declinación oeste 4°
Montañera a cima			
Cima a escalada			
Escalada a tienda			
Tienda a parapente			
Parapente a refugio			
Refugio a kayak			
Kayak a montañera			

EJERCICIO 14: POSICIONAMIENTOS

CASO 1°

☐ No sabes exactamente dónde te encuentras, pero reconoces una cumbre: pico Juan Fría a rumbo 272°.

☐ Según tus cálculos, está situada a una distancia reducida de 1150 m, mapa 1:25 000.

☐ Resuelve tu ubicación.

CASO 2°

☐ Una vez que conoces tu posición, ves una cumbre, pero no sabes cuál es. Trazas un rumbo y obtienes 344°.

☐ ¿Cuál es la cumbre que estás viendo si está a 1325 m respecto a tu situación?

CASO 3°

☐ Estás en una vaguada, pero no sabes exactamente en cuál de ellas.

☐ Sacas la brújula y compruebas que estás descendiendo aproximadamente hacia el este. Miras tu altímetro y marca 1650 m de altura.

☐ ¿Dónde estás?

CASO 4°

☐ Estás sobre el GR, pero no tienes idea de tu posición exacta. Reconoces la cumbre del Escamellao, rumbo 272° respecto a ti.

☐ ¿Dónde te encuentras?

SOLUCIONES EN PÁGS. 73.

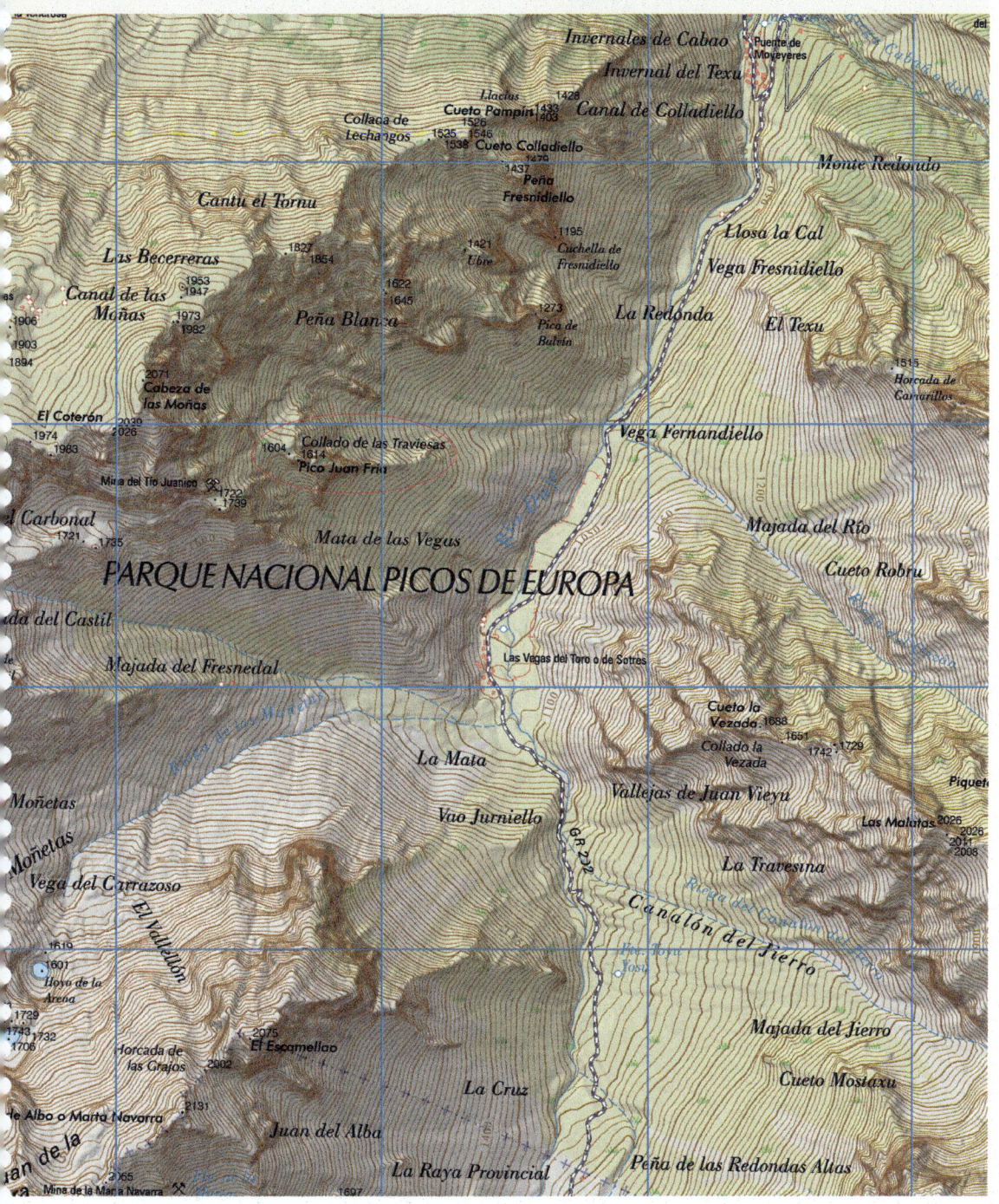

COORDENADAS Y DECLINACIÓN MAGNÉTICA

SABER LA POSICIÓN EXACTA EN LA QUE TE ENCUENTRAS es vital, por ello todos los mapas topográficos vienen acompañados de un sistema de coordenadas.

En España, por ejemplo, los mapas del IGN (Instituto Geográfico Nacional) permiten el cálculo de coordenadas geográficas y el cálculo de coordenadas UTM.

¿Para qué te puede servir saber las coordenadas de tu posición?

1. En el caso de que debas dar un aviso al servicio de rescate.
2. También al contrario: alguien te da su posición y quieres localizarle en el mapa.
3. Si tu GPS no tiene mapa insertado y deseas llegar a un punto concreto. En ese caso, debes sacar las coordenadas e insertarlas en el GPS, reloj-GPS o móvil.

TIPS QUE DEBES TENER EN CUENTA:
- EL CÁLCULO DE COORDENADAS UTM.
- EL CÁLCULO DE COORDENADAS GEOGRÁFICAS.
- LAS UNIDADES CON LAS QUE TRABAJAS, POR LO GENERAL, UTM.

COMPRUEBA TUS CONOCIMIENTOS ANTES DE EMPEZAR

1. Las coordenadas UTM trabajan en metros.
   a. Falso.
   b. Verdadero.
2. De las siguientes coordenadas, marca la que es correcta:
   a. 426513E 4512338N.
   b. 426513E 4512338N DATUM ETRS89.
   c. 426513E 4512338N HUSO 30 DATUM ETRS89.
3. Las cuadrículas UTM en un mapa 1:25 000, por lo general, están dispuestas:
   a. 1000 metros por 1000 metros.
   b. 4 centímetros por 4 centímetros.
   c. 1500 metros por 1500 metros.
4. De las siguientes coordenadas, marca la que es correcta:
   a. 40° 46'58" 3° 45'26".
   b. 40° 46'50" N 3° 45'26" O.
   c. 3° 45'26" O 40° 46'58" N.

5. ¿Qué es la declinación magnética?
   a. El ángulo formado entre el norte geográfico y el norte magnético.
   b. El ángulo formado entre el norte geográfico y el rumbo.
   c. El ángulo formado entre el norte geográfico y el azimut.
6. Un grado corresponde a:
   a. 66 minutos.
   b. 60 minutos.
   c. 60 segundos.
7. Los paralelos determinan la latitud de un punto sobre la superficie terrestre.
   a. Verdadero.
   b. Falso.
8. ¿Cuál es el datum más usado en España desde 2015?
   a. WGS86.
   b. SIF 99.
   c. ETRS89.

EJERCICIOS CAPÍTULO 3

EJERCICIO 1: CÁLCULO DE COORDENADAS UTM

Calcula la coordenada UTM en el mapa de la página 52 de los siguientes puntos:

RECUERDA: 1 mm = 25 METROS EN UNA ESCALA 1:25 000

ESCALA: 1:25 000. DATUM ETRS89. HUSO 30

EJERCICIO 2: CÁLCULO DE COORDENADAS GEOGRÁFICAS

Calcula las coordenadas en el mapa de la página 53 de los siguientes puntos:

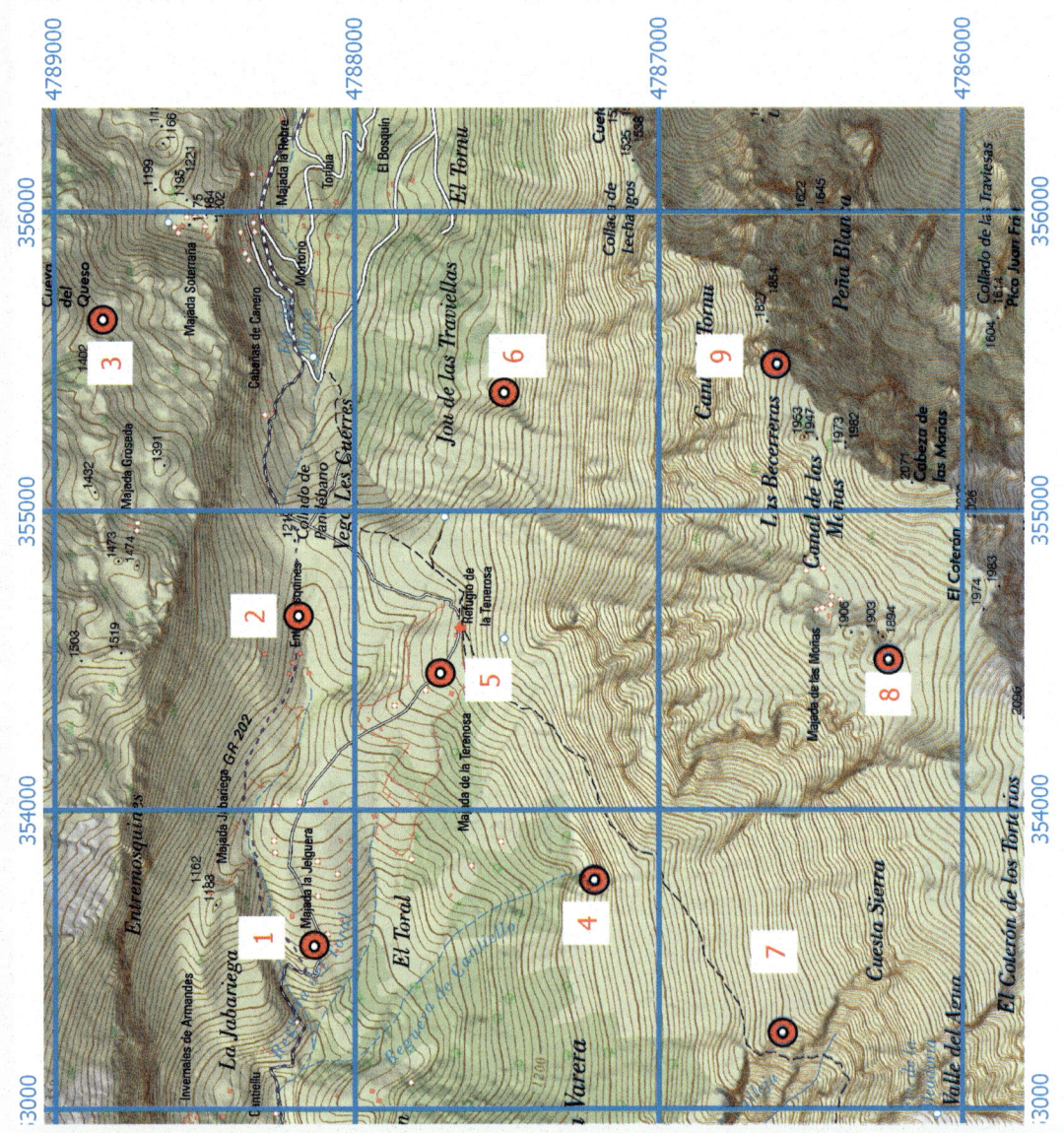

SOLUCIONES EN PÁGS. 74.

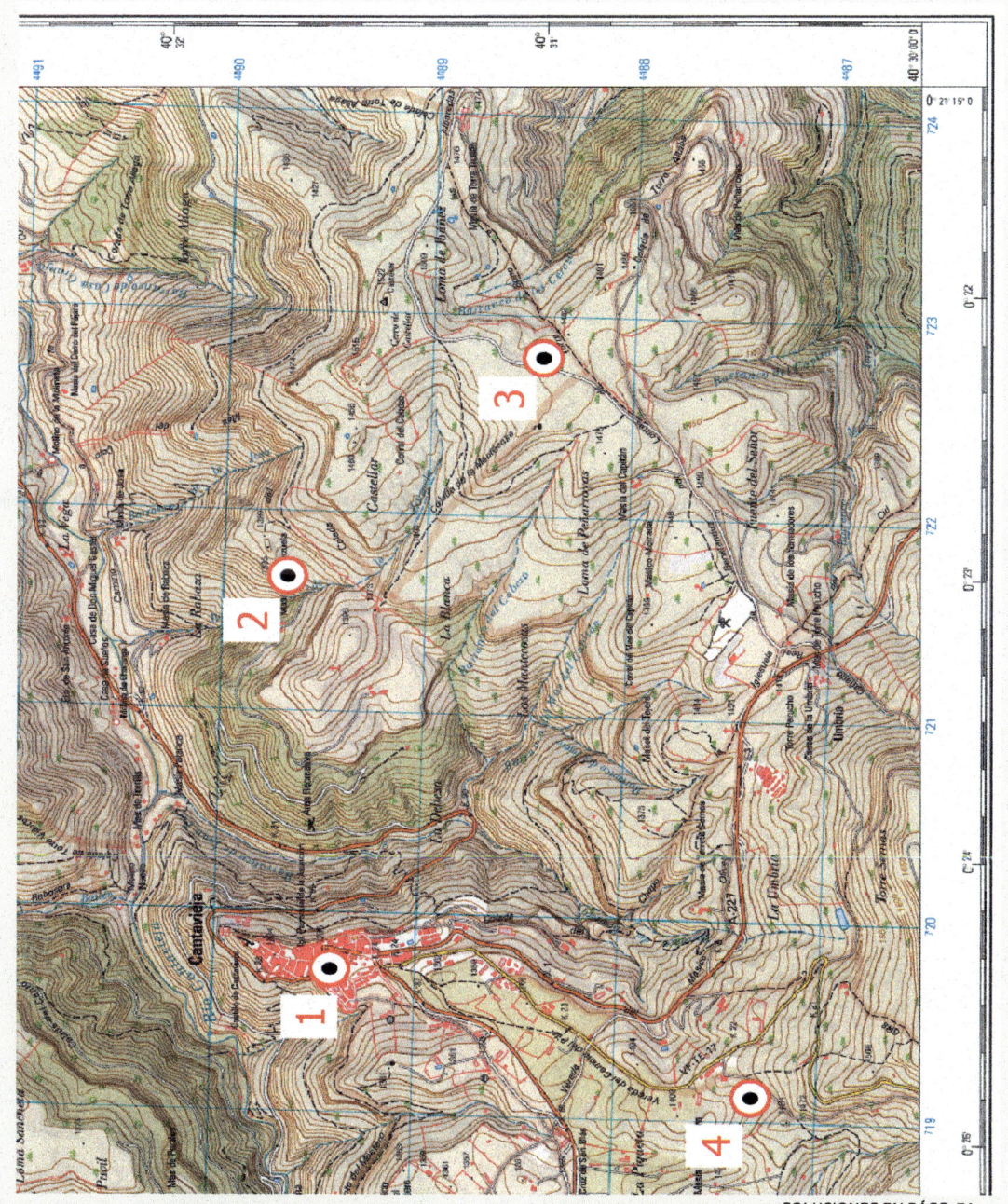

EJERCICIO 3: CÁLCULO DE LA DECLINACIÓN MAGNÉTICA, DECLINACIÓN OESTE

Calcula la declinación magnética a día 1 de enero de 2022, con los datos de la siguiente hoja:

1 : 25.000

Elipsoide internacional. Proyección U.T.M. Datum europeo 1950. Las longitudes están referidas al meridiano de Greenwich.
Las altitudes se refieren al nivel medio del Mediterráneo en Alicante. Equidistancia de las curvas de nivel 10 metros.
Las coordenadas en azul corresponden a la cuadrícula kilométrica U.T.M.

DATOS PARA EL CENTRO DE LA HOJA

Valor medio de la declinación magnética para el
1 de Enero de 2003 $\delta = 2°40'$ Oeste
La declinación disminuye cada año 8,2'
Huso 30. Convergencia de la cuadrícula $\omega = -0°30'07''$
Factor de escala = 0.999652

EJERCICIO 4: CÁLCULO DE LA DECLINACIÓN MAGNÉTICA, DECLINACIÓN OESTE

Calcula la declinación magnética a día 1 de enero de 2025, con los datos de la hoja del ejercicio anterior.

EJERCICIO 5: CÁLCULO DE LA DECLINACIÓN MAGNÉTICA, DECLINACIÓN ESTE

1 : 25.000

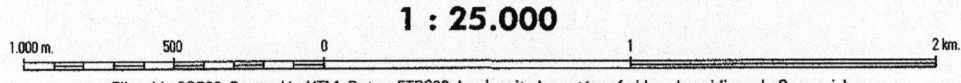

Elipsoide SGR80. Proyección UTM. Datum ETRS89. Las longitudes están referidas al meridiano de Greenwich.
Las altitudes se refieren al nivel medio del Mediterráneo en Alicante. Mareógrafo del IGN.
Equidistancia de las curvas de nivel 10 metros. Intercaladas 5 metros.

DATOS PARA EL CENTRO DE LA HOJA

Huso: 30. Convergencia de la cuadrícula $\omega = 1°39'59''$
Factor de escala = 1.00018
Valor medio de la declinación magnética para el 1 de Enero de 2018 $\delta = 0°9'$ Este
La declinación aumenta cada año 6.9'

SOLUCIONES EN PÁGS. 75-76.

¿QUÉ HACER CUANDO ME PIERDO?

SON MUCHOS LOS AÑOS que llevo guiando en montaña y formando a personas en la gestión del miedo. He vivido muchas situaciones de miedo, personales y liderando equipos. La presión y el estrés que puedes llegar a sufrir en el medio natural hacen que pierdas completamente el rumbo. Se olvida el destino y dejas de tener una mirada de 180°. En tu vida diaria, también pasa.

Te invito a recordar algún periodo intenso de trabajo, una relación fallida o problemas familiares. ¿No sentías que ibas como pollo sin cabeza? Son momentos en los que te dejas llevar por la vida, seguir la rutina sin pedir mucho más. Ya sea en el medio natural o en la ciudad, a este efecto yo lo llamo «muro ciego», y los factores que lo desencadenan son los siguientes:

1. **Factores objetivos:**
☐ Niebla.
☐ Ventisca.
☐ Nieve.

☐ Efecto *white-out:* cuando se mezcla la nieve y la niebla. Es una sensación extraña, no sabes si estás caminando por las nubes o estás caminando por la tierra. Recuerdo una vez guiando una salida de esquí de montaña en que el efecto *white-out* nos atrapó; sentí el mismo mareo como cuando estás en un velero, tuve que parar para vomitar.

2. **Factores subjetivos:**
☐ Sobreestimación: hace años, en plena nevada, disfrutaba con mis raquetas en solitario de uno de esos terrenos que había transitado multitud de veces. La niebla me atrapó y seguí mi intuición (conocía perfectamente el entorno). A los 30 minutos me topé con la misma gran roca de 6 metros de alto, un lugar muy característico. Había estado caminando en círculo. Después de acomodar el ego en el lugar que le corresponde, hice uso del mapa y la brújula.

Hoy en día, las tecnologías nos dan una falsa confianza; obviamente un GPS es fabuloso, pero es tecnología, y como cualquier tecnología puede fallar.

☐ Falta de formación: mientras guiaba en El Laberinto de La Pedriza (Madrid) encontré a un señor alarmado porque llevaba más de 2 horas sin saber dónde estaba. Lo más curioso de todo es que en su mano portaba un GPS último modelo que costaba 600 €. ¿Te formas con profesionales o eres de los que confían en la providencia divina?

☐ Gestión del liderazgo: si por casualidades de la vida te has convertido en el líder del grupo, todas las miradas van a estar centradas en ti. Vivir esta responsabilidad te llevará a sentir el estrés cuando tengas dudas del camino a seguir. Aquí aparece la llamada «ansiedad del líder», comienzas a perder capacidades a pasos agigantados.

¿QUÉ PASA CUANDO TE PIERDES Y ENTRAS EN ESTRÉS?

☐ **Tu campo visual se estrecha,** lo que en orientación es un problema. ¿Sabes cómo entrenaban los nórdicos la orientación en los años noventa? Se ponían una gorra con una tela en los laterales para reducir el campo visual a 45° y así agudizar al máximo su capacidad de foco y reconocimiento de elementos. Cuando entras en ansiedad vives en 45°, adiós a tu mirada de 180°. Debes ser consciente de que es necesario salir de la mirada túnel si deseas percibir todas las posibilidades que te rodean. Tu cerebro te hace pensar que no existen posibilidades y lo único que tu mente percibe es falta de alternativas.

☐ **Cerebro en modo supervivencia:** tu cerebro se pone en modo supervivencia; eso significa que quiere salir rápido de la situación o todo lo contrario, bloquearse. Perderse es una de las situaciones más estresantes que he vivido, es parte del juego: para aprender orientación toca perderse. Eso sí, agradable no es. El exceso de estrés afecta directamente a tu eficiencia, pierdes eficiencia y capacidad de concentración. Cuando tu cerebro comienza a bloquearse, es el momento de parar, beber agua o picar algo. El cerebro bajo el estrés y el miedo vive en peligro, lo que hace que tu ritmo cardiaco se acelere y, por supuesto, la respiración se dispare.

☐ **Activación del diálogo interno:** ¿tienes una voz en *off* que habita en ti? Bien, pues eso es el diálogo interno; normalmente está tranquila, pero cuando se siente incómoda se vuelve inquisitiva y exigente. Uno de los primeros ejercicios que hago con las personas que asisten a mis formaciones de «reventando tus miedos» es aprender a bajar el volumen del locutor interno. Para poder tomar decisiones acertadas debes tener todos tus sentidos, si tus pensamientos te invaden es difícil que puedas mantener el foco, y menos en la orientación.

¿QUÉ HACER CUANDO TE PIERDES?

ÁREA TÉCNICA

Esta área engloba las herramientas técnicas de orientación en montaña que puedes aplicar para ubicarte:

- **Regresa:** ¿puedes regresar a un lugar reconocible? Aunque implique desandar el camino, eso es mejor que continuar por una zona en la que no sabes dónde te encuentras.
- **STOP:** para, saca el mapa y la brújula. ¿No tienes? ¿Llevas un móvil? En el móvil siempre debes llevar una app para orientación, la más recomendada: IGN Mapas de España. Antes de salir a caminar, descarga el mapa de la área a *off line* (en mi manual tienes el paso a paso para saber hacerlo).
- **Posicionamiento lineal:** busca alguna cumbre que puedas reconocer, utiliza la técnica de posicionamiento lineal con la ayuda de tu altímetro (ver página 28, *Manual práctico orientación con mapa y gps*).
- **El faro:** cuando comienzas el recorrido, lo primero que debes hacer es buscar una cumbre que te sirva de faro, un punto elevado que sepas que estará en tu campo visual durante gran parte del recorrido.
- **El peor de los casos:** estás metido en un bosque y no tiene ni idea de dónde estás.
  - Busca un arroyo o un río, te servirá de barandilla, síguelo hasta que se cruce con un elemento que puedas reconocer en el mapa. Si te toca realizar esta maniobra, lo ideal es subirte a un espolón

y, desde la distancia, utilizar el arroyo como barandilla. El espolón te dará un campo visual mucho más amplio.

- Si tienes brújula, pero no un río o vaguada: si has hecho los deberes de planificación, todo será más fácil. Sabrás si caminabas al norte, al sur o al oeste. Tendrás una orientación general de los elementos que te rodean.
- En caso contrario, te queda la última alternativa: seguir una dirección de marcha. ¿Cuál? Pues toca tirar un dado y elegir una. Lo bueno: que con la ayuda de la brújula no caminarás en círculos.

ÁREA DE ENTRENAMIENTO MENTAL

TRES HERRAMIENTAS BÁSICAS PARA APLICAR CUANDO ESTÉS EN UNA SITUACIÓN COMPLICADA

En mis cursos de gestión del miedo, los alumnos estudian más de 30 herramientas para aplicar en el medio natural o en el día a día. ¿Por qué tantas herramientas?

A cada cerebro le servirá una herramienta diferente, lo que sí te puedo garantizar es que alguna te será útil y transformará tu forma de responder ante las situaciones de miedo y falta de confianza.

Te voy a dejar tres herramientas básicas que te ayudarán ante cualquier situación delicada.

Herramienta Los 4 Ejes

- Mira al suelo, cierra los ojos y cuenta hasta 4.
- Gira la cabeza lo más que puedas a la derecha, abre los ojos y cuenta hasta 4.

- Mira al cielo, fíjate en las nubes, cuenta hasta 4.
- Ahora el lado izquierdo, observa todo lo de tu alrededor, cuenta hasta 4.

Herramienta Respiración x 4

Este tipo de respiración la descubrí en mi formación de *rebirthing*, la respiración te ayudará a pasar tu cuerpo y tu cerebro de un estado de estrés a un estado creativo. Realiza este ejercicio durante 5 minutos:

- Inhala por la nariz.
- Mantén la respiración contando hasta 4.
- Exhala.
- Mantén la respiración contando hasta 4.

Herramienta Reconocimiento de Logros

Tu mente desea que todo ocurra de forma instantánea, quiere salir rápidamente de esa situación incómoda que está sufriendo. Que tu mente se acelere significa que tu cardio y respiración se aceleran.

Es el momento de felicitarte por cada paso que avances, cada pequeño logro que consigas, todo puede convertirse en una pequeña victoria.

Con esta herramienta vas a lograr que tu mente se predisponga en una aptitud optimista. Los pesimistas no son muy creativos, y en esta situación la creatividad es imprescindible.

Otro de los grandes beneficios de esta herramienta es que te ayudará a relativizar la situación que estás viviendo.

SOLUCIONES　　　　　　CAPÍTULO 1

COMPRUEBA TUS CONOCIMIENTOS ANTES DE EMPEZAR

1-B	2-C	3-B	4-C	5-A	6-C	7-B

EJERCICIO 1: RECONOCIMIENTO DE MORFOLOGÍA DE LAS CURVAS DE NIVEL

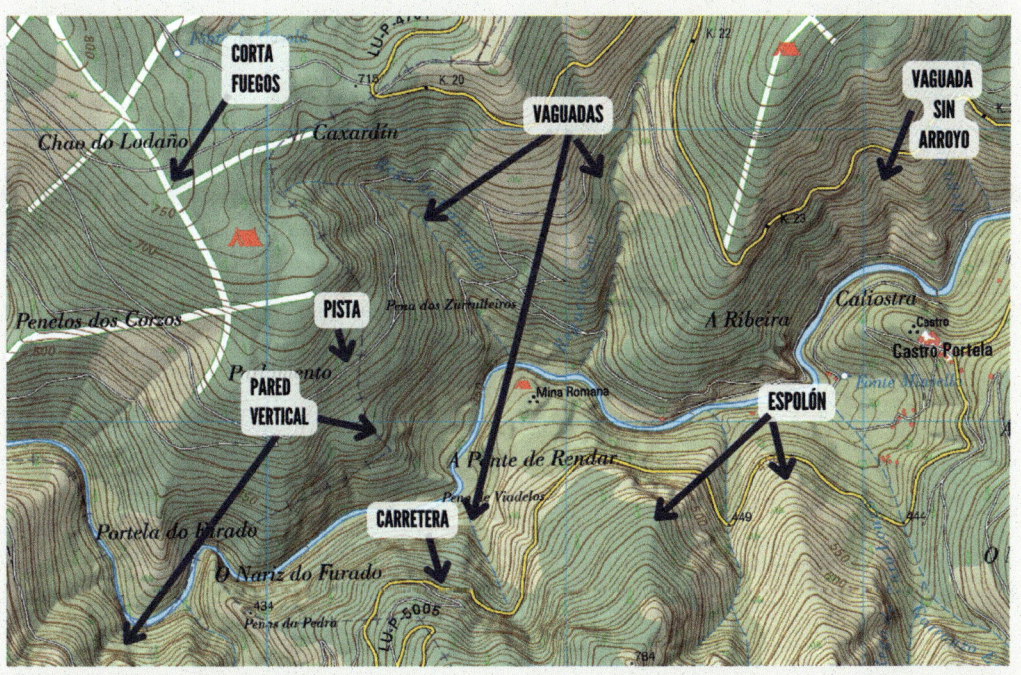

EJERCICIO 2: RELACIONA LA FOTO CON EL MAPA

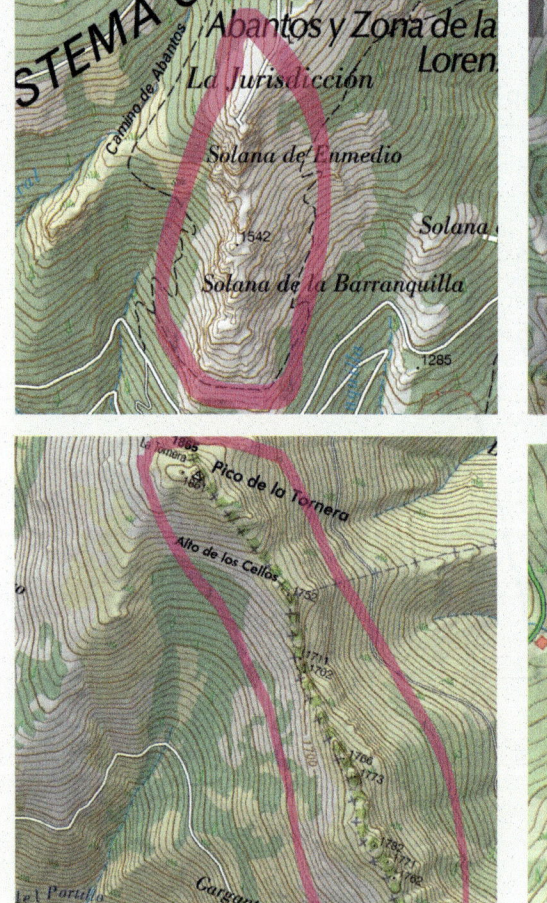

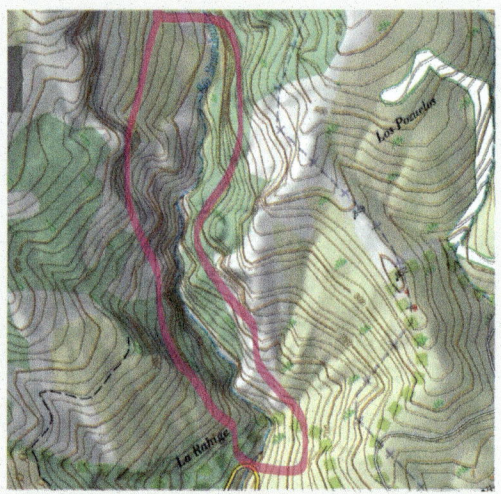

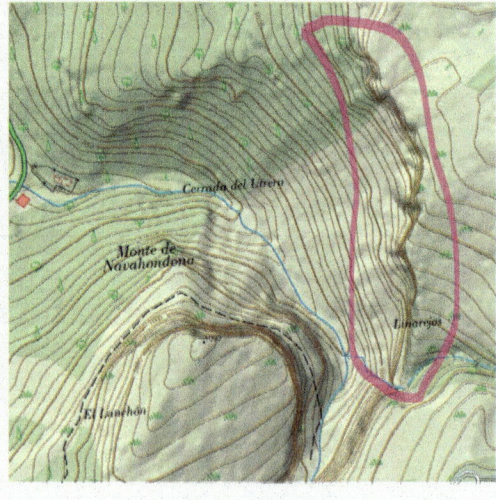

EJERCICIO 3: RELACIONA EL MAPA CON LA FOTO

A-3   B-1   C-2   D-5   E-6   F-4

EJERCICIO 4: POSICIONAMIENTO EN EL MAPA DEL GUÍA DE MONTAÑA

EJERCICIO 5: RECONOCIMIENTO DE LA MORFOLOGÍA DEL TERRENO

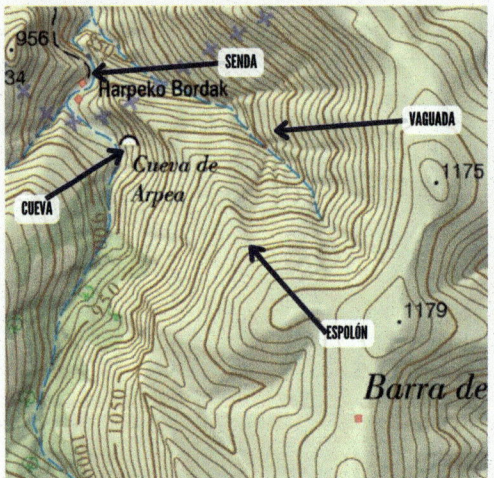

EJERCICIO 6: RECONOCIMIENTO DE LA MORFOLOGÍA DEL TERRENO

Observa que la foto de este ejercicio se corresponde con el mapa del ejercicio 5.

EJERCICIO 7: LAS ORIENTACIONES DEL MAPA

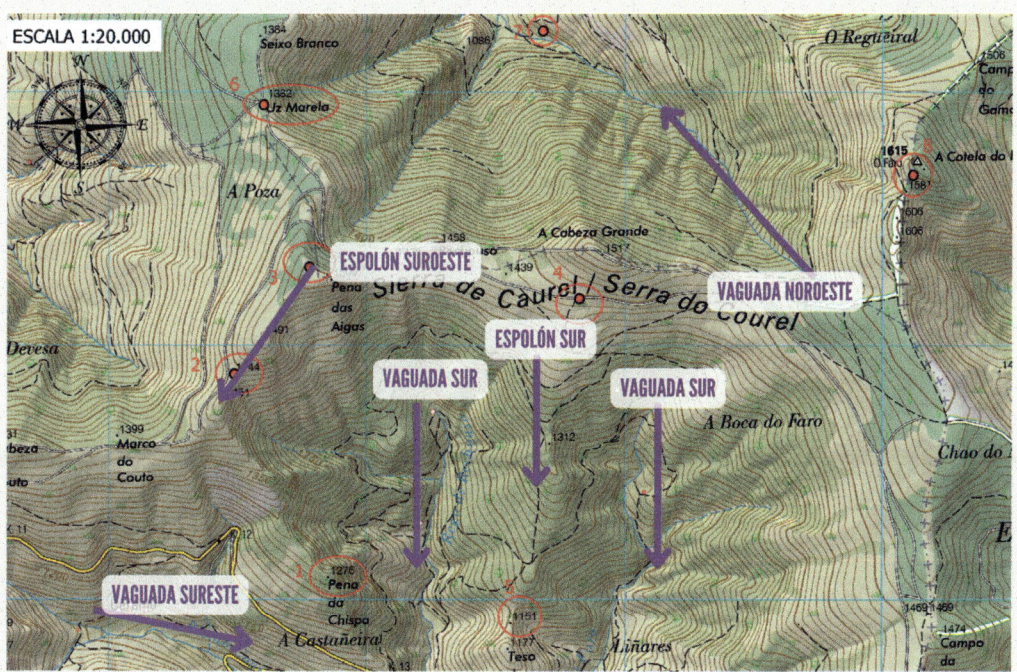

EJERCICIO 8: CALCULAR DISTANCIAS

Hay que tener en cuenta que la variación de 1 mm en el mapa son 25 m en la realidad.

TRAMO	ESCALA 1/25 000	ESCALA 1/35 000
1 - 2	1700 m	2380 m
2 - 3	900 m	1260 m
3 - 4	1075 m	1505 m
4 - 5	1250 m	1750 m
5 - 6	875 m	1225 m
6 - 7	2850 m	3990 m

EJERCICIO 9: CALCULAR DESNIVELES

Desniveles:
A a B: + 950 m.
B a C: - 1200 m.
C a D: + 900 m.
D a E: - 720 m.
E a F: + 1720 m.
F a FINAL: - 1850 m.

Desnivel acumulado positivo total: + 3570 m.
Desnivel acumulado negativo total: - 3770 m.

EJERCICIO 10: CALCULAR DESNIVELES SOBRE EL MAPA

Cálculo de desniveles:

1-2: + 168 m	2-3: + 56 m	3-4: - 50 m	4-5: -299 m
8-7: - 550 m	7-6: + 332 m	6-3: + 118 m	
Acumulado positivo: +674 m		Acumulado negativo: - 899 m	

Cálculo de distancias geométricas:

	DISTANCIA REDUCIDA	DISTANCIA GEOMÉTRICA
1-2	900 m	915,50 m
2-3	500 m	503,12 m
3-4	1060 m	1061,17 m
4-5	1280 m	1314,45 m

EJERCICIO 11: CALCULAR PENDIENTES SOBRE EL MAPA

Si deseas hacer la conversión a grados, te recomiendo utilizar la tabla de equivalencia del *Manual práctico de orientación con mapa y GPS* de la página 44.

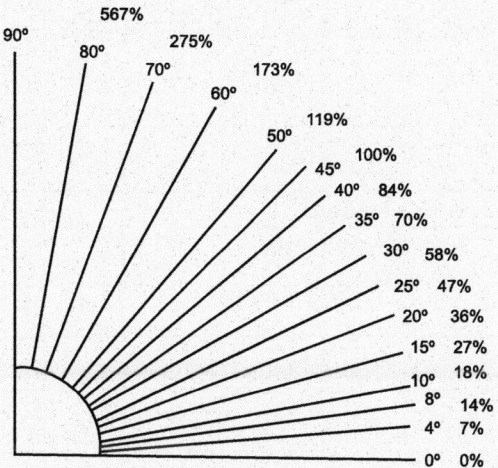

TRAMO	PENDIENTE EN %
7 - 8	38%
7 - 6	30%

EJERCICIO 12: ORIENTACIÓN SOMERA

A

EJERCICIO 13: ORIENTACIÓN SOMERA

B

SOLUCIONES

CAPÍTULO 2

COMPRUEBA TUS CONOCIMIENTOS ANTES DE EMPEZAR

1 -B   2- A   3- A   4- B   5- C   6- B   7- A   8- B

EJERCICIO 1: CALCULAR RUMBOS

Montañera a cima	60	Cima a escalada	98°
Escalada a tienda	242	Tienda a parapente	138
Parapente a refugio	286	Refugio a kayak	240
Kayak a montañera	332°		

EJERCICIO 2: CALCULAR RUMBOS

Si el resultado que obtienes es +/- 4°, también estaría correcto.

Patapalo-mapa: 146°	Mapa-brújula: 62°	Brújula-tesoro: 156°

EJERCICIO 3: DIBUJAR RECORRIDOS

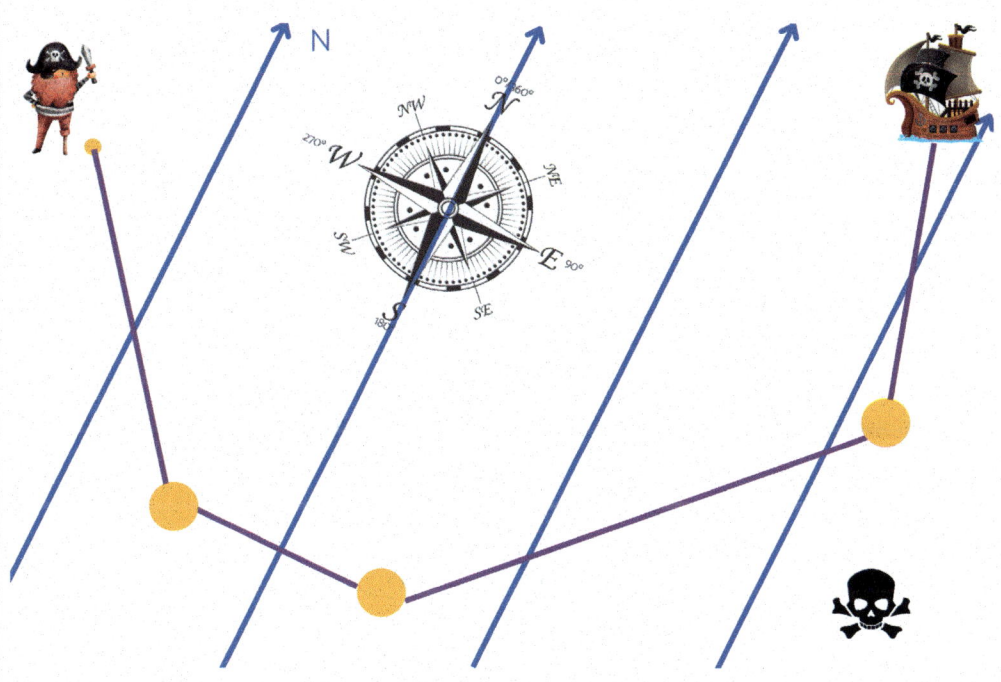

EJERCICIO 4: ENCUENTRA EL CAMINO

146°.

EJERCICIO 5: TRASLADO DE BRÚJULA A MAPA

Rumbo de brújula.
Camino B.

EJERCICIO 6: SEGUIR EL RUMBO

Como hay visibilidad, dejamos una marca suficientemente visible en nuestra posición (grupo de troncos) y bordeamos el lago hasta divisar dicha marca desde el otro lado. Hacer un contra-rumbo para comprobar la dirección que llevábamos.

El contra-rumbo se realiza colocando la aguja magnética en el sur, sobre el norte del limbo o sumando/restando 180° al rumbo inicial.

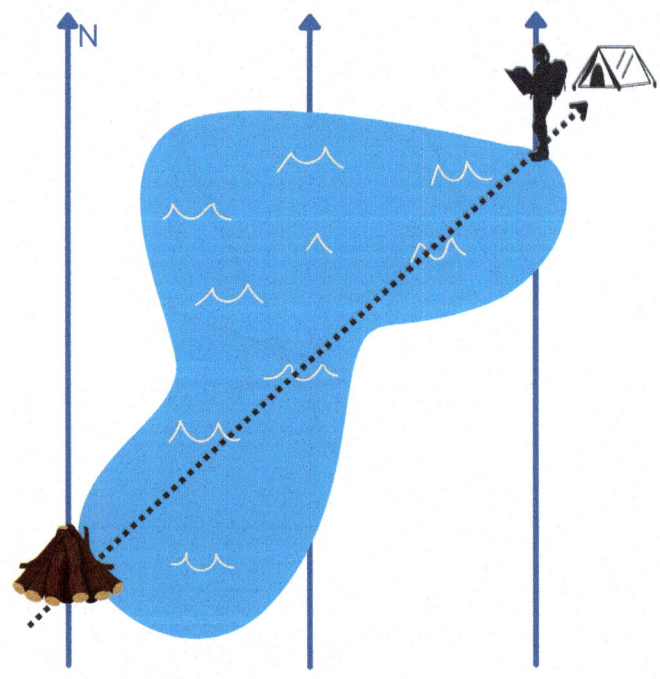

EJERCICIO 7: POSICIONAMIENTO LINEAL

EJERCICIO 8: TRIANGULACIÓN. EJERCICIO DE POSICIONAMIENTO

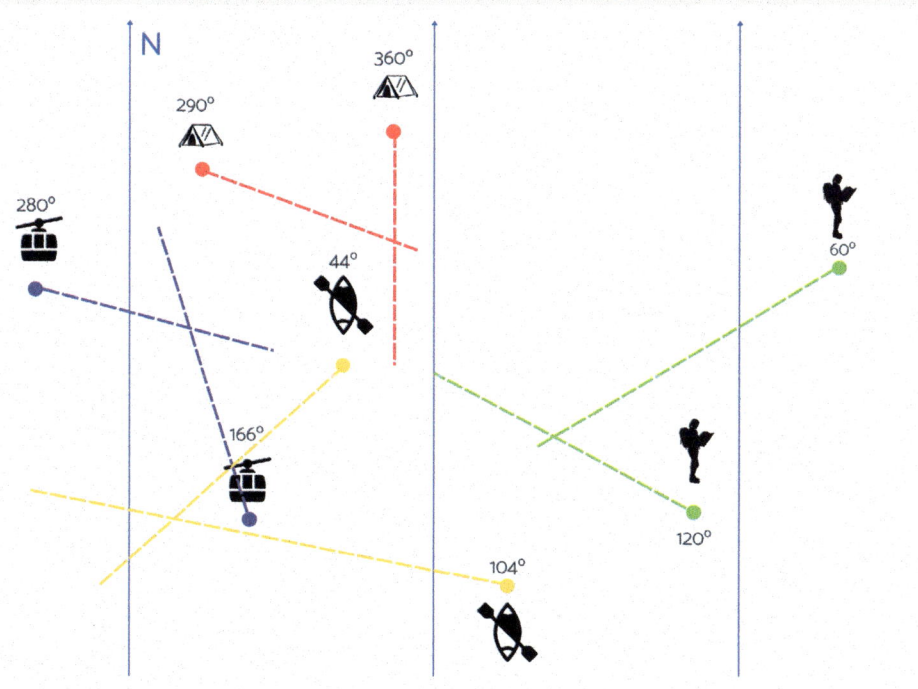

EJERCICIO 9: EVITAR UN OBSTÁCULO

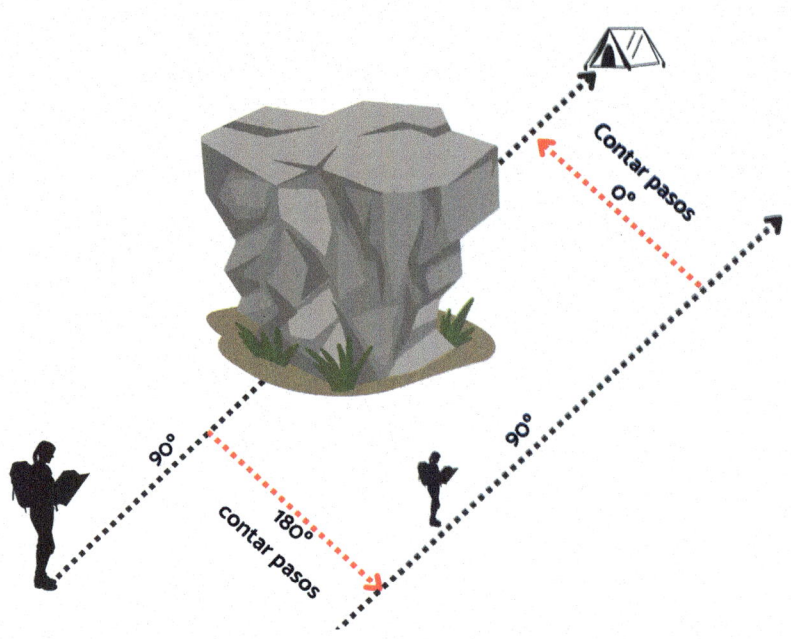

EJERCICIO 10: MAPA ORIENTADO

EJERCICIO 11: DESCRIBIR UN RECORRIDO

Del punto 2 al 3.
Morfología: vaguada
Desnivel: -56 m
Azimut: 30°
Distancia reducida: 350 m

Del punto 3 al 4.
Morfología: ladera
Desnivel: +10 m
Azimut: 126°
Distancia reducida: 1025 m

Del punto 4 al 5.
Morfología: espolón
Desnivel: -70 m
Azimut: 126°
Distancia reducida: 500 m

Del punto 5 al 6.
Morfología: ladera
Desnivel: +10 m
Azimut: 142°
Distancia reducida: 625 m

Del punto 6 al 7.
Morfología: espolón
Desnivel: +143 m
Azimut: 2°
Distancia reducida: 875 m

EJERCICIO 12. AYUDA A NUESTROS PERSONAJES

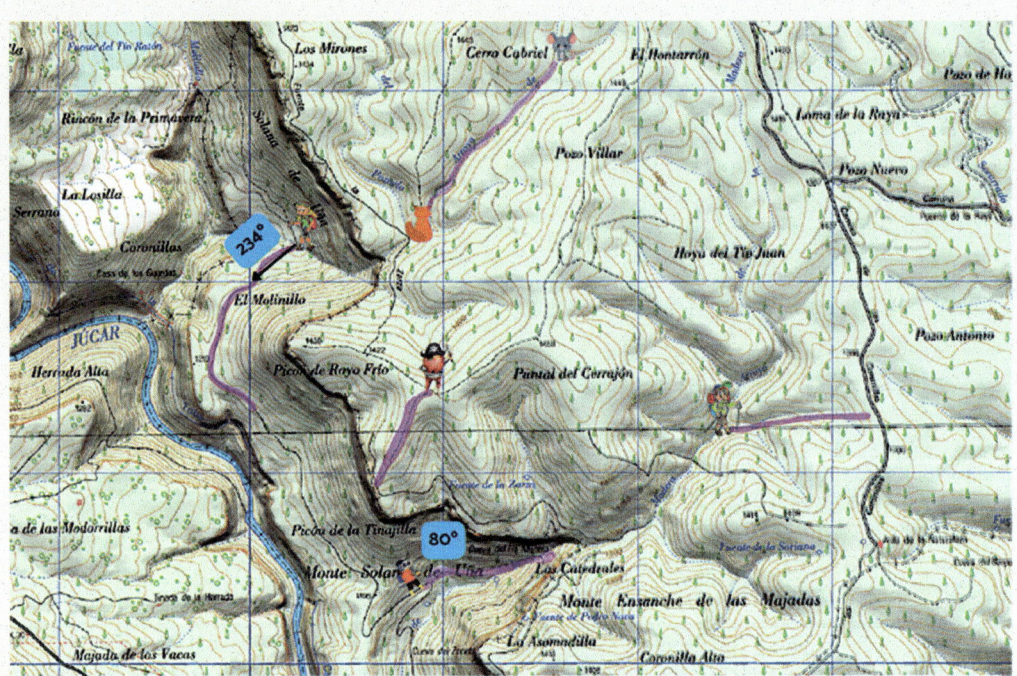

EJERCICIO 13: DIFERENCIA ENTRE AZIMUT Y RUMBO

	AZIMUT (calculado en el ejercicio 1)	RUMBO declinación este 6°	RUMBO declinación oeste 4°
Montañera a cima	60°	54°	64°
Cima a escalada	98°	92°	102°
Escalada a tienda	242°	236°	246°
Tienda a parapente	138°	132°	142°
Parapente a refugio	286°	280°	300°
Refugio a Kayak	240°	234°	244°
Kayak a montañera	332°	326°	336°

EJERCICIO 14: POSICIONAMIENTOS

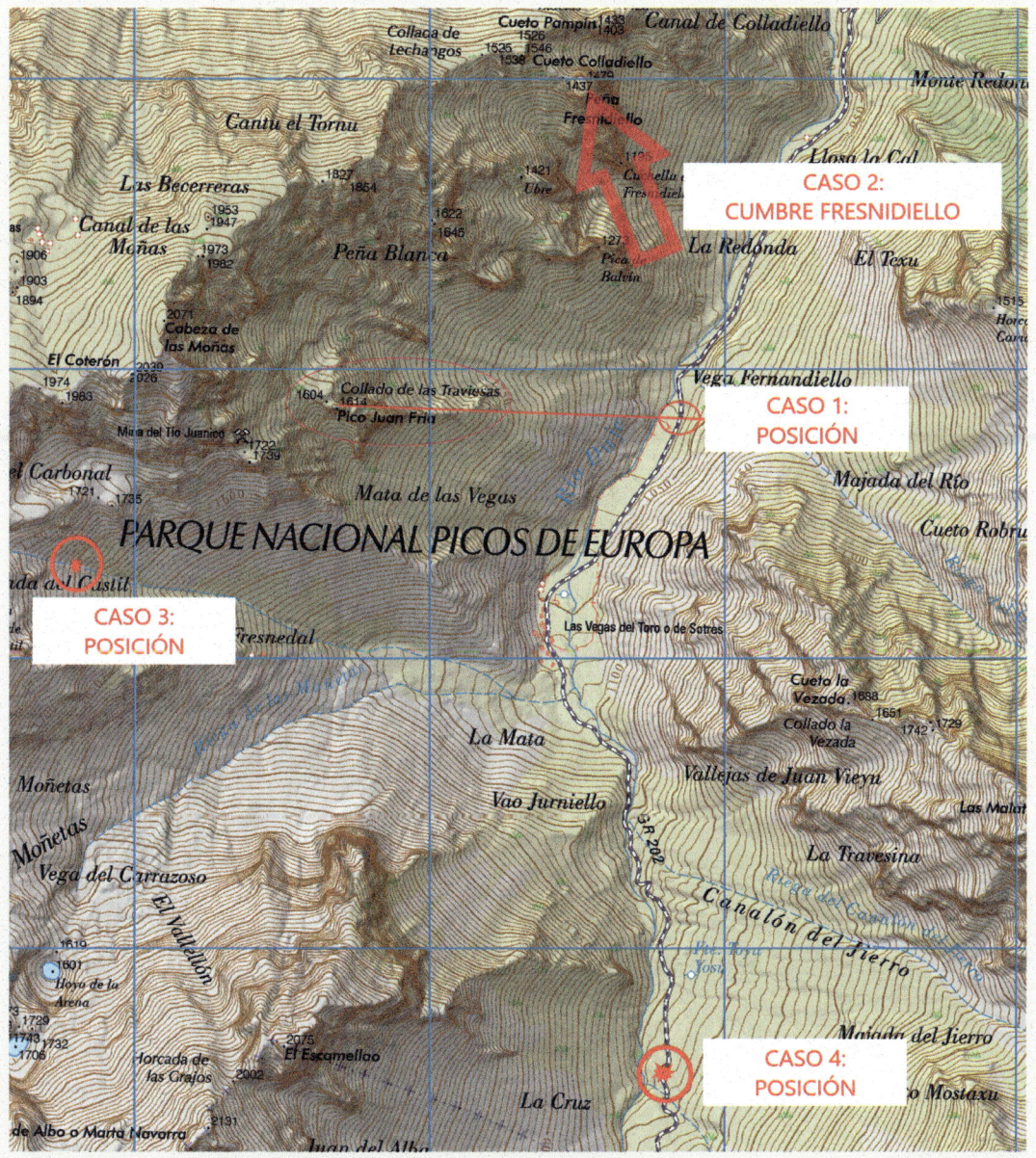

SOLUCIONES   CAPÍTULO 3

COMPRUEBA TUS CONOCIMIENTOS ANTES DE EMPEZAR

1- B   2- C   3- A y B   4- B   5- A   6- B   7- A   8- C

EJERCICIO 1: CÁLCULO DE COORDENADAS UTM

DATUM ETRS89 HUSO 30

Punto 1: 30T 353550 4788150	Punto 2: 30T 354650 4788200
Punto 3: 30T 355650 4788850	Punto 4: 30T 353775 4787225
Punto 5: 30T 354450 4787725	Punto 6: 30T 355400 4787500
Punto 7: 30T 353250 4786600	Punto 8: 30T 354500 4786250
Punto 9: 30T 355500 4786625	

EJERCICIO 2: CALCULO DE COORDENADAS GEOGRÁFICAS

Punto 1: 40° 31'36" N 0° 24'50" O	Punto 2: 40° 31'40" N 0° 23'00" O
Punto 3: 40° 31'02" N 0° 22'12" O	Punto 4: 40° 30'28" N 0° 24'50" O

EJERCICIO 3: CÁLCULO DE LA DECLINACIÓN MAGNÉTICA, DECLINACIÓN OESTE

Número de años: 2022-2003 = 19 años
Disminuye 8,2' x 19 = 155,8', redondeando = 156'
Sabiendo que 1° = 60'
Tu referencia es 2°40', convertir grados a minutos para poder relacionar:
  2° x 60' = 120'
  120'+ 40' = 160'
Declinación de 2003-declinación de los 19 años. Sabes que debes restar, ya que en el mapa te dice que disminuye anualmente.
  160'-156' = 4' oeste
Es menor a 4°, por lo tanto se deprecia para cualquier cálculo que realices.

EJERCICIO 4: CÁLCULO DE LA DECLINACIÓN MAGNÉTICA, DECLINACIÓN OESTE

Número de años: 2025-2003 = 22 años
Disminuye 8,2' x 22 = 180,4', redondeando = 180'
Sabiendo que 1° = 60'
Tu referencia es 2°40', convertir grados a minutos para poder relacionar:
  2° x 60' = 120'
  120'+ 40' = 160'
Declinación del 2003-declinación de los 22 años. Sabes que debes restar, ya que en el mapa te dice que disminuye anualmente.
  160'- 180'= (-)20' este
Es menor a 4°, por lo tanto se deprecia para cualquier cálculo que realices.
En este caso, la declinación ha pasado de ser oeste a ser este.
Observa en la imagen como el norte magnético se relaciona de diferente forma respecto al geográfico.

PARA ENTENDER EN EL MISMO MAPA LA DECLINACIÓN HA PASADO DE OESTE A ESTE, ESTUDIA LA PÁGINA 25 DEL MANUAL.

EJERCICIO 5: CÁLCULO DE LA DECLINACIÓN MAGNÉTICA, DECLINACIÓN ESTE

Número de años: 2025-2018 = 7 años

Aumenta 6,9' x 7 = 48,3', redondeando = 48'

Sabiendo que 1° = 60'

Tu referencia es 0° 9' = 9'

Declinación del 2018 + declinación de 7 años. Sabes que debes sumar, ya que en el mapa te dice que aumenta anualmente.

  9' + 48' = 57' este

Es menor a 4°, por lo tanto se deprecia para cualquier cálculo que realices.

LOS AUTORES

DAVID CABALLERO es Técnico Deportivo en alta montaña, media montaña y barrancos, y profesor de orientación de los Técnicos Deportivos en Montaña y Escalada.

En su mochila acumula años de experiencia en el mundo de la montaña. Se diplomó en Turismo y después obtuvo el grado Bachelor Honours of Business Administration por la Universidad de Sunderland (Reino Unido), así como Máster en Coaching & Design Thinking y en Psicología Transpersonal. Titulado como Practitioner en PNL y Experto Universitario en Inteligencia Emocional.

Le apasiona enseñar y transmitir sus conocimientos a todo aquel que participe en uno de sus cursos y guiajes, a los que suma su faceta como *coach*.

MARTA HURTADO es Técnico Deportivo en Media Montaña-UIMLA, y profesora de orientación de Técnicos Deportivos en Montaña.

Unida a la montaña desde muy pequeña, con los años decide hacer de su *hobby* su profesión y gran pasión, la de guiar, compartir y trasmitir sus conocimientos, a todo aquel que quiera acercarse a la montaña o empezar sus primeros pasos en ella.

PUEDES CONTRATAR A DAVID CABALLERO
PARA UNA FORMACIÓN O GUIAJE
A TRAVÉS DE SU WEB:
CABALLERODAVID.COM

MANUAL PRÁCTICO DE ORIENTACIÓN CON MAPA Y GPS

DAVID CABALLERO

INCLUYE EJERCICIOS PRÁCTICOS

Desnivel

OTROS
LIBROS
DEL
AUTOR

Desnivel